公司治理与国企改革研究丛书

主编 高明华

公用事业改革与公共服务供给

Research on Public Utilities Reform and Public Service Supply in China

郭锐欣 著

中国出版集团 東方出版中心

本书得到教育部人文社会科学青年基金项目“信息不对称环境下金融控股公司管控模式研究：作用机制与效果评估”（项目编号：14YJC790041）、国家自然基金面上项目“适宜基础设施与中国经济增长：理论与实证研究”（项目编号：71273012）以及北京市哲学社会科学规划项目“北京城市公用事业价格规制及政府补贴管理研究”（项目编号：12JGB021）的资助。

作者简介

郭锐欣，1979 年 12 月生，经济学博士，北京大学经济学院博士后，中国人民保险集团股份有限公司博士后，对外经济贸易大学保险学院讲师。2014 年 8 月至 2015 年 8 月，波士顿大学访问学者。

主要研究领域为公司治理、国有企业改革、契约理论、风险管理与保险等。主持教育部人文社科青年项目研究（项目编号：14YJC790041），参与多项国家自然基金项目、北京市哲学社科项目研究。在 *Applied Economics*、《世界经济》、《经济科学》、《经济学（季刊）》、《上海金融》等期刊发表多篇学术文章。

总 序

两年多前，我在自己的办公室接待了中国出版集团东方出版中心副总编辑祝新刚先生以及财经编辑部主任鲁培康先生。他们从上海赶来北京向我约稿，并向我介绍了中国出版集团努力发挥国家队的使命担当，围绕中心、服务大局，建设财经产品线的战略规划。近年来，由于国企改革渐成热点，公司治理广受关注，所以他们希望我发挥自己的学术专长和资源优势，为他们组织和主编一套丛书。我听了他们的想法和思路很受触动，所以一拍即合，当即就接受了他们的约稿。

20世纪90年代初，我开始致力于企业理论与公司治理问题的研究。多年来有关公司治理理论和实践的探索和研究，使我深刻体会到中国公司治理行政化的积弊根深蒂固。2014年，在国务院国资委职业经理人研究中心举办的“经理人大讲堂”上，我做了题为“公司治理与国企发展混合所有制”的演讲，演讲结束后，国务院国资委一位官员说，中国企业家需要进行公司治理ABC的普及工作。他说的没有错，也曾有多次，我给企业家做报告，企业家反馈的信息是：公司治理原来是这个样子，我们原来的理解很多都错了。可见，公司治理在中国确有普及之必要，更有研究之急需。

公司治理的本质属性是契约，它要求企业必须尊重每个利益主体的法律地位和独立人格，要在充分尊重每个利益主体意见的基础上提出企业发展的战略决策，同时要使企业的每个行为主体都能够为自己的行为独立承担责任，这是契约之应有之义。然而，现实中很多中国企业，拥有话语权的只是少数特权者，而且还不用为自己的行为承担独立责任。权力和责任的不对称是中国企业公司治理的通病，也是中国畸形政商关系形成的土壤。

有鉴于此，自2007年开始，我做了三件事情，试图为促进中国公司治理的规范化发展尽自己的绵薄之力：一是从高管薪酬、信息披露、财务治理、董事会治理、企业家能力、中小投资者权益保护等六个方面，研制中国公司治理分类指数。目前已出版六类14部指数报告，从而全方位、多角度地阐述了中国公司治理的现状，以图找出中国公司治理的病症所在；二是主编“治理译丛”。这套译丛出版了四本（原计划五本），均是国外著名出版社的最新公司治理著作，所选书目以学术著作为主，兼及实务性著作。我们力求通过这套译丛的出版，为中国企业的公司治理规范化提供资料和借鉴；三是出版《公司治理学》，试图能够为大学开设公司治理课程提供支持。目前，开设公司治理课程的大学越来越多，这表明，中国公司治理规范化的教材得到了越来越多高校认同。

我现在所做的是第四件事，也是以上工作的延续和深化，这就是策划和出版这套“公司治理与国企改革研究丛书”。这是我多年来的一个夙愿，希望通过出版这套丛书，把中国学者（尤其是青年学者）最前沿的公司治理和国企改革研究成果奉献给社会，一方面扶持公司治理研究中的青年才俊；另一方面则是把脉中国国企改革中的公司治理“病症”，以利于探索和建立有中国特色的公司治理模式，因为这些研究成果均是以中国公司治理，特别是以国有企业的公司治理为研究对象的。

中国公司治理的不规范，尤其是政府介入公司治理的错位，导致中国滋生畸形的政商关系，而这种畸形的政商关系又是官商勾结和腐败的温床。改革开放以来，这种官商勾结已经达到触目惊心的程度。为什么存在如此严重的官商勾结？一个明显的且公认的原因是政府权力过大，且不受法律约束，造成公权可以随意介入和侵害私权，导致创租和寻租盛行，进而导致腐败。显然，杜绝官商勾结和腐败，必须从依法治企、压缩公权入手，而依法治企的实质是强化公司治理。

2013年11月，党的十八届三中全会通过的《中共中央关于全面深化改革若干重大问题的决定》明确提出，要“健全协调运转、有效制衡的公司法人治理结构。建立职业经理人制度，更好发挥企业家作用……建立长效激励约束机制”，由此开启了中国企业尤其是国有企业公司治理制度改革和机制创新的新局面。2014 年 10 月，党的十八届四中全会通过的《中共中央关于全面推进依法治国若干重大问题的决定》提出“依法治国”的执政治国方针，从企业层面讲，这意味着企业改革和发展必须着眼于“依法治企”，而“依法治企”的本质就是公司治理的制度化（尤其是法治化）和规范化。2015 年 9 月，中共中央、国务院发布《关于国有企业深化改革的指导意见》以及国务院《关于国有企业发展混合所有制的意见》，进一步强调，要“依法治企，健全公司法人治理结构。切实保护混合所有制企业各类出资人的产权权益”。无疑，国家已经把公司治理的规范化提到了国企改革的战略层面上。

本丛书即将付梓之时，正值党的十八届五中全会闭幕。五中全会报告再次强调：“发展是党执政兴国的第一要务”，而且必须“运用法治思维和法治方式推动发展”。可以说，党的十八大及十八届三中、四中、五中全会，为我国国企改革的不断推进和公司治理的深入发展奠定了理论基础。就此机会，着眼当前的国企改革与公司治理现状，我谈几个具体问题。

一、政府直接介入导致公司治理行政化

公司治理是通过建立一套制度安排（尤其是法律制度安排）或制衡机制，以契约方式来解决若干在公司中有重大利益关系的主体之间的关系，其实质是各利益相关者之间的权利安排和利益分配问题。换言之，公司治理是制度范畴，尤其是法律范畴，从这个角度，政府公权力（行政权力）是不能介入公司治理的。但是，政府作为制度尤其是法律的制定者，又是可以介入公司治理的。此时，政府是作为财产保护者而存在的，即政府要为企业发展提供规范、秩序和公平，其相应的收益是税收。对于国有企业，政府还作为国有财产所有者的代表而介入公司治理。此时，政府是作为投资者（国有股东）而存在，它要通过监督（法律监督和经济监督）获取最大化投资收益。但是，不管政府是作为法律的制定者，还是作为国有企业财产的所

有者(代表),政府的行为都限定在公司治理制度的框架内,而不是以自己掌握的行政权力介入。

然而,政府介入公司治理的方式却经常错位。现实中经常发生这样的情况,一方面,如果政府是股东,尤其是大股东的情况下(国有控股企业),则政府不仅派出代理人,而且必须让自己的代理人担任董事长,还可以越过董事会直接派人担任公司的总经理、副总经理、总经济师等高管人员。无疑,这是政府行政权力介入公司治理。当然,对于派出的高管人员,可能通过了董事会,但其实通过董事会仅仅是走形式,实质上董事会是被架空的。在很多情况下,尤其是在中央企业和地方重点国有企业中,政府派出的高管人员很多都具有行政级别,最高行政级别可达副部甚至正部级别。在政府公开招聘的国有企业高管中,即使没有赋予其行政级别,他们的行政色彩也是客观存在的。从国务院国资委多次全球公开招聘副总经理等高管情况看,由于招聘企业中并非只有国有独资企业,还有股份有限公司和有限责任公司,这类企业的高管聘用,按照公司法,无疑只能由董事会负责独立选聘,国家作为非单一股东,是无权单独招聘的。在政府直接任命或聘用的情况下,高管出现问题的概率不仅高,而且将无人对此负责。像中石化的陈同海、中石油的蒋洁敏、中国一汽的徐建一、东风汽车公司的朱福寿等,由于聘任他们的主体实际上是国资委或上级组织部门,而不仅仅是走形式的董事会,因此董事会是不可能对此负责的,而任命他们的国资委或上级组织部门由于是一个个集体组织,也无人对此负责,集体负责等于无人负责。

另一方面,如果政府不是股东,则政府通过设租,让公司治理服从于自己的意志,而企业(主要是民营企业)也乐于(或者无奈)通过寻租,寻求政府的支持,这使企业发展会因政府政策或领导人的变化而起伏,甚至走向不归路,同时也加大了投资者的投资风险。在民营企业中,寻求具有政府背景的人员担任公司高管具有相当的普遍性,这反映了中国企业与政府难以割舍的关系,聘请人大代表、政协委员,或聘请离退休的前任政府官员进入企业,是很多民营企业的追求。例如,在2013年度上市公司中,有31.84%的企业曾有政府官员到访(企业对此视为荣耀而大力宣传),有

12.08%的CEO曾在政府部门任职，有9.77%的CEO为各级人大代表，有6.93%的CEO为各级政协委员。如果统计的对象是董事长，则曾在政府任职、担任人大代表和政协委员的比例将会更高。另外，同一企业还经常有多位政府背景的高管。如“七匹狼”，其高管中有政府背景的比例高达40%。

二、公司治理行政化导致畸形政商关系

公司治理行政化，是对法律的背离。公司治理的核心问题是股东大会、董事会和经理班子(执行层)的关系。三者是什么关系？对此各国公司法都有明确的规定，且所有国家的公司法在这方面几乎没有什么差别。公司法的规定是：股东大会选举产生董事会，董事会选聘总经理(CEO)。很显然，股东(大会)、董事会和经理班子相互之间不是一个纵向的等级关系(只有在经理班子领导的生产和经营系统，才是一个纵向的行政管理系统)，而是一组授权关系。每一方的权力和责任都受到法规的保护和约束，也就是说各方都有相对独立的权力运用空间和对应的责任，任何一方都不能越过边界、违反程序、滥用权力。如果股东大会和董事会被“架空”或“虚置”，则会出现股东对董事会，以及董事会对总经理监督上的“真空”。

仅就董事会和总经理的关系来说，他们代表的是不同的主体。董事会(包括董事长)作为股东的代理人，代表的是股东利益(现在已演变为以股东为核心的众多利益相关者的代表，独立董事作为“中立者”，就是代表这些不同的利益相关者的利益的)；而总经理作为从市场上选聘来的职业经理人，代表的是个人利益，他通过与董事会的契约关系获得授权。董事会是会议体制，董事会成员代表不同的利益主体，在董事会中，每个成员是平等的，没有身份高低之分，他们通过契约联系在一起，董事会的决策通过讨价还价而形成，包括董事长在内的任何人都没有凌驾于其他人之上的权力，所不同的只是投票权多少的不同(其实在美英习惯法系发达国家里，由于公司董事会的构成发生了很大变化，绝大部分都是独立董事，这种投票

权的差异正在大大缩小)，而董事长则不过是董事会的召集人，并没有高于他人的权力。基于董事会和总经理的这种差异，为了保证公司决策的科学性和高效性，并形成相互制衡的机制，董事长与总经理两个职务应该是分开的。

当然，在公司实际运作中，董事长和总经理是否分开可视具体情况而定，一般情况下取决于公司的规模，以及资本市场(尤其是控制权市场)和职业经理人的发育程度。当公司规模较小时，两职合一可以提高决策效率。当资本市场和职业经理人发育成熟时，来自这两个市场的强大的约束力量足以让同时担任董事长职务的总经理实现自我约束。但是，即使两职是合一的，在行使职权时也必须明确当时所处的角色，这样可以保证董事会和经理层两个权力主体的协调和相互制衡。当公司规模较大时，董事长和总经理则必须分开，因为此时二者代表的是更大的群体，二者合一会加大彼此的冲突。当资本市场和职业经理人发育不成熟时，由于来自这两个市场对经理人的约束力量偏弱，同时担任董事长的总经理的权力就会被放大，或者说，总经理侵害股东等利益相关者利益的可能性就会加大。因此，此时两个职务也必须分开。总之，无论董事长与总经理的职位是否分开，董事长与总经理的职权都要分开，应各负其责。董事长和总经理不相互兼任的原则，体现着公司的权责明确以及公司决策的科学性和效率性。

那么，公司治理是如何演化为行政治理的？这与对公司治理的错误认识有关，恐怕还存在着故意认知错误。行政治理实际上是沿用政府权力机构的“一把手”观念来治理公司，“一把手”被视作公司治理的核心，而董事长经常被作为“一把手”的不二人选，总经理则是董事长属下的“二把手”，甚至干脆由董事长直接兼任总经理，即使不兼任，总经理的目标也是“升任”董事长。这种“一把手”观念使得规范的公司治理变得扭曲，甚至成为董事长和总经理之间矛盾的根源。本来，独立董事是可以在一定程度上化解这种矛盾的，然而，由于独立董事缺乏资本市场的支撑，在客观上和主观上都难以做到独立。加之独立董事人数太少，公司设立独立董事只满足于证监会的 1/3 的要求(2014 年，全部上市公司独立董事比例平均只有 36.79%)，这更进一步加剧了独立董事的非独立性。加之，在国有企业(包括国有控股企业）中，董事长这个“一把手”又是政府任命的，因此，公司治理的行政化也就在所难免了。即使是在民营企业中，董事长“一人独大”也同样充斥着行政色彩，尽管这种行政色彩和政府的行政权力介入有一定的区别，但在“权力”行使上并没有根本性区别，公司治理本应具有的契约属性基本上不复存在。

近些年接连发生的公司腐败（如窝案）以及其中的官商勾结，在很大程度上其实就是董事会（董事长）和经理层（总经理）两个角色混同，以及企业负责人任免掌握在政府手中或与政府官员有瓜葛的必然结果，是畸形政商关系的具体表现。在这种畸形的关系中，本来的监督和授权关系变成了利益共同体关系。从这些腐败案中，我们不难发现，或者总经理和董事长合二为一，权力过大；或者在董事会中，经理层占据多数席位，而董事长也自认为是职业经理人。在这种情况下，董事长显然就不再是股东的代理人，而是演变为典型的追求自身利益的经理人。对政府，他们寻求租金；对投资者，他们制造信息不对称，侵害股东利益。尽管国企高管被政府作为“干部”来管理和监督，但由于信息不对称，内部人控制和企业资产流失仍普遍存在。

三、消除公司治理行政化，强化公司治理规范化

如何减少畸形的政商关系导致的官商勾结和高管腐败？高管腐败曝光后，人们往往归因于高管的贪婪和无耻。无疑，高管的贪婪是官商勾结和腐败的推动力。但事实上，个体的贪婪不是官商勾结和腐败的根本原因，真正引起官商勾结和腐败的原因是公司治理制度的缺陷，更进一步说，就是公司治理的官僚化或行政化。个体的贪婪只是经济人的本性，在面对丰厚利益时，贪婪永远是理性经济人的最优选择。真正使这些经济人偏离正轨、铤而走险的，是人们对预期非法利益与惩戒风险的权衡，而这种权衡最终取决于公司治理制度的完善与否。因此，要从根本上杜绝官商勾结和

腐败，最关键的是要完善公司治理制度，首先需要分清何者是治理主体，何者是治理客体。股东大会和董事会毫无疑问是治理主体，经理层则是治理客体，二者绝不能混同。其次要提高官商勾结和腐败行为被发现的概率，加大对官商勾结和腐败的惩罚力度，而这一点又是以治理主体和治理客体的区分作为前提的。

在市场化的企业中，对企业负责人的基本监督体制是法律监督和市场监督。法律监督的核心是强化公司治理，实现依法治企；市场监督的核心是健全市场体系，促进自我约束，而市场监督也是建立在法律基础上的。

以国企发展混合所有制为例。国企负责人可以分为政府董事（外部非独立董事）、独立董事、高管董事和非董事的高管。他们的来源不同，监督机制应有所不同。由于政府董事、独立董事、高管董事都是董事会成员，因此均应接受股东的监督和市场约束；对于高管董事和非董事的高管，则必须接受董事会的监督和市场约束。从规范的公司治理角度，必须强化以下制度和机制建设：

第一，要调动所有股东监督的积极性，以形成监督合力，防止大股东侵害和政府公权力介入。对此，一是实现股东权利平等，国有股东不应享有特权，对中小股东应该实行累积投票制，以保证他们参与公司决策的权利。二是大幅度降低股东行权成本，提高中小股东参与公司治理的动力。三是出台集体诉讼和索赔方面的法律，切实保护股东利益。四是实行股东满意度调查制度（类似于民调），如果董事会支持率低于80%，则应启动董事会解体程序。五是在公司控股形态上，尽可能采用国有相对控股，最终股权形态是竞争的结果。六是股东对董事要采取不同监督体制。对于政府董事，由于政府股东是代表公众的，同时考虑到公司经营的独立性，政府董事应设置为外部非执行董事（外部非独立董事），并借鉴公务员监督方式对政府董事进行监督；对于独立董事和高管董事，要通过对这些董事的市场（经理人市场）选择，以及满意度和惩罚等机制来实施强约束。

第二，要强化董事会对经营者的监督，并健全董事自我约束机制。对此，必须把董事会和经营层的职能区分开来，这有利于避免国有股东和政府干预企业经营问题。董事会中必须有较多独立董事，应不少于50%，否则独立董事难以发挥作用。独立董事必须是高度专业化的，而高度专业化的独立董事又来自高度职业化的经理人市场。要根据公司法，实行董事会独立选聘总经理(CEO)机制，并通过董事会备忘录制度使每个董事承担选错总经理的责任。

第三，应在厘清董事会职能的前提下，高度重视企业家的独立性和能动性，并建立企业家自我约束机制。高管董事和其他高管应来自经理人市场，应明确企业的企业家不应是董事长，而是总经理。董事会(包括董事长)负责监督，但监督不是干预，要充分发挥总经理的能动性，为此必须给予其独立性，包括赋予独立权力和独立承担责任，以实现企业家的自我约束。市场化选择是高能力企业家(总经理)产生的重要机制。高能力企业家有两个要素：一是能力，二是忠诚。这样的企业家是在激烈的市场竞争中涌现出来的，靠政府的“独具慧眼”是选不出来的，也是不合法的。必须建立职业化的经理人市场，市场的惩戒机制能够对现任经理人产生强激励和强约束，从而造就和涌现更多的高能力企业家。市场选聘的总经理不再具有行政级别，成功的民营企业家也可以做国有控股的混合所有制企业的总经理。要以贡献(企业价值或股东回报)来对企业家进行考核，市场选择和淘汰是重要的考核机制。

第四，要“分层”确定负责人激励方式，以实现国企负责人的自我约束。对于政府董事(外部非独立董事)，应实行“公务员基准＋贡献＋行政级别”的激励机制，薪酬待遇可以略高于同级公务员的薪酬待遇；对于独立董事，应采用国际通行做法，即车马费加少部分津贴，应通过经理人市场，建立独立董事声誉机制，强调薪酬机制是不利于独立董事的独立的。对于高管董事和非董事的高管，应实行市场化薪酬，但前提是由董事会独立从经理人市场选聘。在经理人市场上，高能力的企业家应有高价格，这是建立企业家自我约束机制的重要方面。

第五，严格信息公开。充分的信息披露对于防止代理人的违规行为(如内部人控制、国资和民资流失、内幕交易等)，以及形成企业家的均衡价格，都具有重要意义。因此，应确保及时准确地披露公司所有重要事务的信息，包括财务状况、绩效、所有权结构和公司治理。不能只满足强制性信息披露，更要高度重视自愿性信息披露，这在中国尤为重要，根据笔者在《中国上市公司自愿性信息披露指数报告2014》中提供的数据，中国的自愿性信息披露对于投资者理性投资的需求具有很高的信息含量。

总之，要依法治企，消除公司治理行政化，实现公司治理规范化，建立企业各行为主体的外部监督与自我约束有机契合的机制，要使每个行为主体能够对自己的行为独立承担责任，这是防止官商勾结和腐败的重要制度保障。

最后，非常感谢东方出版中心的鼎力支持，感谢祝新刚先生和鲁培康先生，他们是这套丛书的积极推动者。希望在中国出版集团以及东方出版中心的支持下，使这套丛书能够延续下去，成为公司治理和国企改革研究的品牌产品。

2015年10月29日

目录

第1章　导　　论

1.1　选题依据与研究意义

新中国成立前公用事业普遍缺乏，新中国成立后公用事业部门的形成与计划经济体系息息相关。在历史原因影响下，中国的公用事业大多是由国有企业承担。自改革开放以来，中国的经营性领域的国有企业改革已经取得了相当大的成绩。然而公用事业领域的市场化改革仍然处于胶着状态。

自2001年12月国家计委出台文件，允许私人资本进入公用事业领域以来①，中国公用事业改革已经过去了十多年。中央所属的大型公用事业国有企业或基本保持原有管理和运营体制，或被分拆重组，基本上始终保持着国有企业的性质，市场化改革并没有改变此类大型公用事业国有企业的垄断地位。地方的公用事业改革主要表现为通过特许经营权制度、股份制改造、企业债、项目拍卖等方式引入私人资本，实现公用事业企业经营权，甚至所有权的"民营化"。公用事业市场化改革从概念上讲是让资源配置机制从行政手段改为市场竞争。由此产生的市场公平竞争问题、普遍服务问题、价格和质量规制以及政府合理补贴制度等种种议题，从各个方面挑战着中国以地方为主的公用事业市场化改革。

事实上，这场以"民营化"为主导的地方公用事业市场化改革并非一帆风顺。国内部分公用事业改革陷入困境，出现了政府承诺缺失、政府回购、

① 详见2001年12月国家计委出台的《关于印发促进和引导民间投资的若干意见的通知》。

经营权期限未满就取消合同等现象。公用事业"民营化"也引起了部分媒体和学者的严重质疑。面对这种情况,非常有必要从理论上分析中国部分公用事业市场化改革出现以上问题的深层次原因。

公用事业通常都具有规模经济和正网络外部性,政府基于保证社会福利目的对部分公用事业的产品或服务进行规制定价。当规制定价不足以弥补企业运营成本时(即福利性规制定价),政府需要为此类企业提供补贴等援助措施以维持其正常运行。例如,当自来水规制定价低于单位售水成本时,自来水厂需要获得财政补贴才能正常运转。由于信息不对称,公用事业企业经营者会出现道德风险和逆向选择问题。企业经营者在事前(ex ante)预期到政府事后(ex post)会对亏损的公用事业企业提供补贴①,一方面会尽可能地减少努力,即产生道德风险问题;另一方面会谎报企业类型,把成本类型低的企业伪装为成本类型高的企业,以便获得更多补贴,即产生逆向选择问题。

在经营者的道德风险和逆向选择问题共同作用下,政府无法准确衡量公用事业企业因福利性定价导致的"政策性亏损"程度,将会出现企业与政府就财政补贴额度讨价还价的情况,从而无法硬化公用事业企业的预算约束。因此,如何尽可能避免经营者的道德风险和逆向选择问题,硬化公用事业企业的预算约束,成为公用事业改革面临的一个非常重要的研究课题。

本书关注狭义的公用事业领域,即供水、供气、供热、公共交通、污水处理、垃圾处理和铁路等经营性市政公用设施。此类公用事业的市场化改革不仅需要强有力的改革政策和执行意愿,还需要配合以周密的规划和具体的可实施操作步骤,以及政府合理的监管规制制度。本书侧重从理论上分析中国公用事业市场化改革出现问题的深层次原因,并借此深入探讨今后中国公用事业市场化改革路径。本书既对中国十余年公用事业市场化改革历程进行总结和反思,也对今后公用事业市场化改革方向提出政策建议,具有一定的理论和实践意义。

---

① 如果政府不对亏损企业提供补贴,亏损企业破产或者减少供给会降低社会福利。

1.2　分析框架及主要结论

本书第 2 章明确了公用事业概念，详细阐述了公用事业的六个特征，并从管理层激励和政府规制两方面对公用事业相关研究进行了总结和评述。公用事业具备基础性、公共性，承担着“普遍服务”任务，具备显著的正的网络外部性和规模经济，其产品或服务又具备一定的私人性；由于技术和经济思想的发展，公用事业领域存在着多种可选择的竞争性。管理层激励问题和政府规制是公用事业理论研究的两个重要领域，其中管理层激励问题集中表现为对预算软约束问题的研究。本书第 2 章对这两个领域的文献进行了详细回顾总结，介绍了传统规制理论的基本观点和规制方法，并深入探讨了新规制经济学的基本分析思路和规制方法。

本书第 3 章首先回顾了“放权让利”、承包租赁、股份制改革和建立现代企业制度等一系列中国国有企业改革历程，从经营者激励和预算软约束两个角度对以上改革措施进行了详细评述。然后概述了中国公用事业政府主导式的形成过程，详细阐释了中国公用事业三个阶段的改革历程。第一阶段是 1993～2001 年，国家行政机构改革打破了原来由行政机构直接参与管理公用事业的格局，公用事业控制权向企业实体回归。第二阶段是 2001～2010 年，放松准入规制，鼓励和引导私人资本参与市政公用事业建设。第三阶段是 2010 年到现在，肯定了放松准入规制的改革方向，开始尝试逐步放松公用事业价格规制。

本书第 4 章遵从规范的经济学研究范式，基于数理模型分析在福利性规制定价条件下，政府和公用事业企业之间的策略行为，揭示公用事业企业预算软约束的产生机制。为了较好地对比公用事业领域的国有企业的经营者行为和私有企业的经营者行为，本章假设公用事业企业是国有企业性质。

首先，模型论证了当信息对称时，规制机构的最优规制方案能够让所有的公用事业企业的经营者选择最优的努力水平，并保证经营者不能获得额外租金，且公用事业企业不会出现亏损，政府也无需对它们进行补贴。

接下来，模型分析了在信息不对称且契约完全情形下，规制机构的次优规制方案会导致部分公用事业企业存在亏损。除了最有效(成本类型最低)的公用事业企业的经营者会选择最优的努力水平外，其他类型的公用事业企业的经营者都会出现努力程度不足；除了最无效(成本类型最高)的公用事业企业的经营者不能获得正的租金外，其他类型的公用事业企业的经营者都可以获得正的租金。此时，企业经营者的努力不足，再加上他们所获得的正租金导致了部分公用事业企业将面临亏损。因而，要保证这些亏损的公用事业企业能够继续经营下去，政府需要提供补贴。由于契约是完全的，政府补贴能够在事前写进契约并且在事后被严格执行，显示原理意味着政府所设定的次优规制方案能够实现分离均衡。也就是说，政府的次优规制方案能够促使公用事业企业的经营者汇报真实的成本类型，不会出现瞒报类型以企图获得更多补贴的现象。此时虽然存在政府补贴，但是由于补贴能够根据企业的真实成本类型制定，公用事业企业的预算约束仍然是硬化的，不存在预算软约束。

然后，模型进一步分析了信息不对称且契约不完全情形，此时补贴不能在事前写入契约并在事后被严格执行，证明得出显示原理不再适用。这时，政府只能选择次次优的规制方案，无法实现分离均衡，只能得到混同均衡。混同均衡意味着边际成本低的公用事业企业会谎报自己的成本类型，通过申报较高的成本类型而获得更多的补贴。由于规制机构无法区分公用事业企业的真实类型，又需要考虑公众利益(社会福利)而不能让这类企业破产，规制机构和公用事业企业将会就补贴数额进行讨价还价。相对应于完全契约情形，部分亏损的公用事业企业将会通过谎报成本类型获得更多的政府补贴。由此揭示出公用事业企业的预算软约束的产生机制。

本书第5章所关注的问题是，当福利性规制定价条件不变时，民营化之后的公用事业企业的预算软约束问题是否能够得到缓解；如果政府在推行公用事业民营化改革的同时，停止或严格控制为民营化之后的公用事业企业提供财政补贴，会产生什么后果。本章假设公用事业企业是私有企业性质，数理模型的分析结果显示，在福利性规制等价下，如果要求公共产品或服务的数量和质量不变,民营化之后的公用事业企业经营者的激励相容约束与改革之前公用事业国有企业经营者的完全等价。在信息不对称且契约不完全情形下,显示原理同样不再适用。规制机构对公用事业私有企业的最优规制方案和对公用事业国有企业的最优规制方案完全等价,即公用事业私有企业的预算软约束产生机制与原领域国有企业相同。因此,民营化改革不可能硬化公用事业企业的预算软约束问题。并且,如果放松模型中有关企业利润可观察和一次性总赋税的假设,民营化之后的公用事业企业的预算软约束问题只能更加糟糕。现实中很多例子告诉我们,如果政府硬化了财政补贴约束,公用事业私有企业将会缩减公共产品或服务的数量和质量。

本书第6章基于上两个章节的数理模型的分析结果,对中国公用事业市场化改革已经取得的成绩进行评价,并且探讨为什么中国部分地区的部分公用事业民营化改革会以失败告终。中国公用事业市场化改革确实取得了很大成绩,各方面供给水平有了很大提高。但是笔者认为这主要应该归功于放松规制刺激了市场竞争程度,而不是所有制性质由国有向私有的转变。基于模型的分析,我们应该认识到中国公用事业改革存在着一些误区。一是公用事业市场化改革不能简单等同于“民营化”或“私有化”;二是公用事业市场化改革并不意味着国有企业必须退出;三是地方政府对公用事业的质量监管不到位;四是财政补贴缺失或不足导致部分民营的公用事业企业步履艰难;五是地方政府区别对待公用事业领域的国有资本和私人资本。

本书第7章试图从构建合理的公用事业企业公司治理架构的角度,探讨中国公用事业市场化改革路径。首先,强调公用事业领域的国有企业应该谨慎退出,允许私人资本和国有资本公平竞争公用事业企业的控制权,不能“一刀切”甩包袱式“民营化”。在公用事业企业的内部治理环节,强调公用事业企业的信息披露责任和利益相关者治理,以加强第三方监督。在公用事业企业的外部治理环节,应该持续放松公用事业领域及其相关替代行业的准入限制,放松竞争性领域的公用事业的价格规制,为处于福利性规制定价中的公用事业的私有企业和国有企业提供一视同仁的财政补贴,强调质量监管。本章还讨论了如何通过补贴拍卖等形式迫使经营者汇报真实成本类型，实现分离均衡，硬化企业预算约束。本章最后讨论了如何完善公用事业企业的退出机制。

第 2 章　公用事业改革的理论研究

经济学研究所关注的公用事业范畴主要是指供水、供气、供热、邮政、固定电话、公交地铁、污水处理、垃圾处理和铁路等经营性市政公用设施。公用事业具备基础性、公共性，承担着"普遍服务"的任务，其产品或服务又具备一定的私人性；公用事业还具备显著的正的网络外部性和规模经济，又由于技术和经济思想的发展，公用事业领域存在着多种可选择的竞争性。本章详细阐述公用事业的以上特性，并从公用事业企业经营者激励和公用事业政府规制两方面对相关理论进行总结和评述。

2.1　公用事业概念及特征

2.1.1　公用事业概念解析

对公用事业(public utilities)的任何研究都需要明确其概念范围。韦氏英文大辞典对公用事业给予了最为宽泛的定义，即"提供某种基本的公共服务并且接受政府管制的行业"①。由于侧重点不同，公用事业一贯被赋予了多重含义。狭义的公用事业一般包括供水、供气、供热、公共交通、污水处理、垃圾处理和铁路等经营性市政公用设施。而广义的公用事业，除了包括以上内容外，还包括园林绿化、教育医疗等基础设施。

经济学研究更多地关注狭义的公用事业领域，即经营性的市政公用设

① *Webster's Unabridged Dictionary*[M]. New York: Random House, 1998: 1563.

施。戈特和沃尔(Gort and Wall, 1988)、拉丰(Laffont, 2004)等的多篇经济学论文大都采用列举法,将公用事业定义在狭义范围内。詹姆斯(James, 1961)等学者又将狭义范围内的公用事业分为两类:第一类是“通过某种耐久性有形设施,直接或间接提供持续性或重复性服务的行业”;第二类是公交、铁路等“公共运输业”。《新帕尔格雷夫经济学大辞典》将公用事业描述为“需要借助一些有形或无形的网络设施来提供服务的行业”①,这个概念界定更多地偏向于经济学家研究的角度。中国政府的官方文件一般侧重于广义的公用事业领域。例如,中国建设部2002年出台的《关于加快市政公用行业市场化进程的意见》,采用列举法对“市政公用事业”进行了界定,除了狭义的公用事业外,还包括“园林绿化、环卫保洁等非经营性设施”。

本书采用规范经济学分析方法,研究中国公用事业企业改革与公共服务供给。本书所关注的是狭义范畴的公用事业,即供水、供气、供热、邮政、固定电话、公交地铁、污水处理、垃圾处理和铁路等,园林绿化和教育医疗等不在本书的研究范围内。各国政府出于公众利益的考虑,大多对此类公用事业进行较为严格的价格和数量规制。当政府对某些公用事业的规制价格不足以弥补企业的运营成本,本书称之为福利性规制定价。根据全国工商联环境服务业商会(2010)的调查数据,2008年全国36个大中城市中,有25个城市的规制水价低于其单位售水成本②,这是福利性规制定价的一个典型例子。

2.1.2 公用事业特征

公用事业行业大多数属于国家基础建设行业,紧密联系并影响着居民的日常生活,具有公益性、正的网络外部性和规模经济等特性。一般情况

① 约翰·伊特韦尔,默里·米尔盖特,彼得·纽曼.新帕尔格雷夫经济学大辞典(第3卷)[M].北京:经济科学出版社,1996:1141-1144.

② 王俊豪,等.中国城市公用事业民营化绩效评价与管制政策研究[M].北京:中国社会科学出版社,2013:200.

下，政府对这类行业进行较为严格的价格和准入等方面的规制。可以说，对公用事业部门进行规制是政府的重要职能之一，在一定程度上体现着社会公平，起到了收入再分配的作用。

(1) 基础性和公共性

公用事业作为城市经济发展和社会正常运转所必须的重要基础设施，在经济社会生活中发挥着越来越大的作用。随着社会经济的不断发展，供水、供气、供热、邮政、固定电话、公交地铁、污水处理、垃圾处理和铁路等行业已经成为居民日常生活不可缺少的基本设施和必需品，同时也是其他企业正常生产的重要前提。公用事业的产品或服务不能专供于某个特定部门或特定企业，必须具有一定的辐射度，满足一定区域内的居民生活和企业生产的需要。因此，为了满足公共利益的需要，从事公用事业的企业被要求以合理的价格、合适的数量和质量向社会提供稳定、安全的公共产品或服务。

正是由于公用事业的基础性和公共性，公用事业产品或服务的生产和消费水平逐渐成为衡量一个国家或地区经济发展和居民生活质量的重要标志之一。世界银行等机构，选取获得安全饮用水的人口比例、每千人拥有电话主线的数量等指标，作为衡量各国经济社会发展的统计口径。

(2) 产品或服务具有一定私人性

恰如科姆(Kolm)①所言，"世界上很少有纯粹的公共物品"。公用事业产品和服务并非完全免费，消费者必须支付一定费用后才能够获得，而所购买的产品或服务具有私人物品特性。因此，从严格意义上说，公用事业提供的是准公共物品。例如，四通八达的公共交通对城市发展具有正外部性，不专属于某个人，具备公共特性。然而某人通过买票的方式乘坐公共交通工具，在一定时期内对其他人会产生挤出效应，也就是说交通服务对个人来说具备一定的私人物品特性。供水、供气、供热、邮政、固定电话、污水处理、垃圾处理和铁路等与此类似。因此，公用事业企业提供的并非绝

① 约翰·伊特韦尔，默里·米尔盖特，彼得·纽曼．新帕尔格雷夫经济学大辞典[M]．北京：经济科学出版社，1996：1123．

对意义上的公共物品，其产品或服务是一种介于公共物品和私人物品之间的准公共物品，具有一定的私人性。

(3) 普遍服务

普遍服务最初源自美国的电信业规制，1913年美国司法部对美国电话电报公司(AT&T)提出反垄断诉讼，迫使AT&T接受了包括停止兼并、同意互联互通、普及电话服务等政府条件。① 美国联邦电信委员会对电信业的普遍服务要求是，“以消费者可以承受的收费水平向包括低收入者、农村和偏远地区，以及高成本地区在内的所有地区的消费者提供有质量保证的电信服务”②。之后，普遍服务逐渐成为政府对网络型公用事业的一个重要规制目标。

由于城市人口众多且经济状况相对较好，网络型公用事业的网络建设一般基本能够满足需求。但是对于高成本和潜在用户较少的地区(如山区和偏远地区)，如果政府没有提供该产品或服务，最初的网络很有可能无法建立。例如，城郊公共交通线路缺失或不足，山区不通水不通电不通邮，等等。网络型公用事业的产品或服务具备很强的公共特性，为了让每个居民都能平等地享受到社会所赋予公民消费公共物品的权利，尤其要保证低收入阶层、老人、残疾人和农村居民等群体的利益，就必须推行公用事业的普遍服务。也就是说，要保证公用事业以居民能够支付得起的价格向社会提供质量标准相同的产品或服务。公用事业的普遍服务因此在某种程度上带有收入再分配的意味。

(4) 正的网络外部性

当某产品或服务的价值随着使用相同产品或可兼容产品的用户增加而增加时，即产生了正的网络外部性(network externatity)。③ 当基础网络建立起来后，在运输承载能力范围内，多一个用户(即增加一个节点)能增加其他网络用户的效益，从而提高整个网络的有效性。并且每增加一个

① 杨志钢，雷玉琼. 公用事业普遍服务简析[J]. 中国青年政治学院学报，2008(4).

② 让·雅克·拉丰，让·泰勒尔. 电信竞争[M]. 胡汉辉，等，译. 北京：人民邮电出版社，2001：206.

③ Tirole J. *The Theory of Industrial Organization*[M]. Cambridge, MA: The MIT Press, 1988.

用户的边际成本要比建设网络的初始投资低得多，对整个网络的成本影响不大。网络节点增加还有可能产生更多的互补性产品以降低原产品的价格。因此，要提升网络的整体效益和尽可能多的回收建设网络的固定成本，使用基础网络的消费者越多越好。

供水、供气、供热、邮政、固定电话、公交地铁、污水处理、垃圾处理和铁路等公用事业行业具备典型的正的网络外部性，消费者们的消费行为相互影响。某个消费者是否购买的行为决策在一定程度上取决于其他消费者是否愿意购买。例如，只有两个节点(使用者)的固定电话网络的建设成本非常高昂，消费者的使用效益也非常小，但是扩充网络节点，密集的固定电话网增加了每个消费者的潜在通话对象，即提升了每个用户的获益空间。正因为此，有的学者将这些行业称之为“网络型公用事业”①。

(5) 规模经济

供水、供气、供热、邮政、固定电话、公交地铁、污水处理、垃圾处理和铁路等公用事业行业属于资本密集型产业，具有规模经济特性。此类行业的投资回收周期较长，往往前期投资巨大，沉没成本较高，平均成本随产量规模的增加而降低。此外，此类公用事业的资产专用性很强，用于铺设网络的资产再投入其他行业用途的价值非常低。规模经济特性和高资产专用性决定了网络型公用事业必须面对较高的进入和退出技术性壁垒，正因为此，对社会来说重复投资建设是低效率的。

对于这类具有典型规模经济的网络型公用事业，边际定价虽然能够实现社会福利最优，却不能弥补企业成本，从而导致亏损；平均成本定价虽然将固定成本考虑在内，能够避免企业亏损，但是较高的固定成本必然带来较高的消费价格，从而无法实现普遍服务的社会福利目标。为了保证社会福利，政府一般对这类产品或服务的定价进行规制，而公用事业产品或服务的定价机制一直都是经济学研究的重要课题。

(6) 可选择的竞争性

按照传统的定义，如果一个企业要比两个或两个以上企业以更低的成

① 高梁. 网络型公用事业的竞争和规制问题[J]. 红旗文稿，2007(9).

本提供市场服务，就可被认为属于“自然”垄断。传统的固话网络、管道供水、管道燃气、管道供热、输电网和铁路网一直以来都被认为具有自然垄断特性。然而，随着科学技术水平的提高、服务种类的多样化，以及经济思想的进步，传统自然垄断概念已经受到了挑战。① 这体现在新的技术、政策和监管扩大了提供公用事业产品或服务的竞争机会，从而导致放松或消除市场准入的监管壁垒。目前，存在着以下几种可供选择的竞争类型：

第一类竞争：技术进步改变了行业本身的自然垄断特性。随着通信技术的发展，出现了微波通信技术和数字通信技术。传统的有线电话面临着移动通信的竞争，也面临着互联网、广播电视网的替代威胁。移动通信和网络电话的进入门槛比固定电话低很多，盈利空间巨大，电信业的自然垄断特性不断淡化。集中空调供暖、天然气地暖和电热膜供暖等技术的出现，也改变了传统管道供热的垄断格局。传统的垃圾填埋和焚烧处理技术已经被垃圾分类且无害化处理所替代，传统的垃圾处理企业面临着新型企业的挑战。

第二类竞争：网络型公用事业通过水平分割或垂直结构分解引入竞争。水平分割，比如将一个发电企业分成几个发电公司；垂直结构分解，则是将这个发电企业分为发电、输电、电力分销等不同类型的企业。20 世纪 80 年代末，美国政府要求电力公司改变原有的发电、输电和配电垂直一体化管理模式，实行输电系统分开管理，输电和配电分开结算，允许公用性电力公司以外的投资者建厂发电，鼓励各独立电厂和电力公司的电厂竞价上网。美国政府 1992 年出台的《国家能源法》要求公用性电力公司开放输电系统为非公用性电力公司提供服务，取消了新的发电公司上网的法律障碍。② 事实上，网络型公用事业的水平分割和垂直结构分解已经成为新规制经济学的一个重要研究领域。

第三类竞争：在非居民用户层面引入竞争。这和公用事业普遍服务并不矛盾。欧洲理事会在 2002 年 3 月巴塞罗那会议上决定，2003 年向

① 鲍莫尔(Baumol,1982)提出了可竞争市场理论。

② 史际春，肖竹．反公用事业垄断若干问题研究——以电信业和电力业的改革为例[J]．法商研究，2005(3)．

"非居民用户"开放电力市场以实行自由选择供应商,并且要求所有的电力公司将输电、配电业务分离出来,建立专门的法人机构负责各项电网业务。①

第四类竞争:行业间的异质竞争。具备典型的个人运营特征的出租车行业和公共交通、城市地铁之间存在异质竞争。② 有线电视网络通过简单的技术改造能够提供电信业务,和原电信的基础网进行异质竞争。美国、欧盟和香港分别在 1996 年、1998 年和 2000 年允许电信业务对有线电视网络开放。上海有线在 1999 年就已经完成了 30 万户的双向改造,在有线网接入互联网的试验小区,已有几百户居民可以通过有线网络接入互联网。③ 此外,国内快递行业和邮政形成了较为激烈的竞争格局,除了特别偏远的地区,国内快递行业基本上能够实现全国范围内货物递送。

2.2　公用事业企业公司治理的理论研究

供水、供气、供热、邮政、固定电话、公交地铁、污水处理、垃圾处理和铁路等公用事业,一方面具备基础性和公共性,其产品或服务具备一定私人性,肩负着普遍服务的社会目标;另一方面具备正的网络外部性、规模经济和可选择的竞争性。世界各国无一例外地对公用事业进行着较为严格的价格和进入规制。正因为此,公用事业企业公司治理研究与一般性的经营性企业的相关研究侧重点有着明显不同,政府规制成为一个绕不开的重要话题。④

管理层激励问题是公司治理研究的一项重要内容。由于信息不对称和契约不完全,经理人决策有可能基于其自身利益而非委托人利益。在政府规制和政府补贴双向作用下,公用事业的管理层行为更为复杂,其管理

① 马林峰.国外电力市场浅析[J].现代电力,2004(3).

② 郭锐欣,毛亮.特大城市出租车行业管制效应分析:以北京市为例[J].世界经济,2007(2).

③ 《财经》杂志编辑部.管制的黄昏[M].北京:社会科学文献出版社,2003:176.

④ 本书随后会对公用事业政府规制的理论研究进行综述。

层激励研究就更有难度。

政府出于公众利益和社会福利的考虑，规制定价低于企业运营成本（即福利性规制定价），企业无法获得正常利润，面临“政策性亏损”。此时，政府必须通过补贴、税收减免或延期、优惠贷款等手段支持企业的正常运营。由于契约的不完全(Grossman and Hart，1986)，企业经营者倾向于用“政策性亏损”掩盖“经营性亏损”，利用信息不对称，试图通过申报虚高的成本类型来获得更多补贴，这就会产生预算软约束问题。因此，预算软约束的产生机制，以及如何硬化预算约束成为公用事业企业管理层激励研究的一个重要课题。

2.2.1 预算软约束理论研究

(1) 预算软约束产生原因

预算软约束(soft budget constraint)最初是由科尔内(Kornai)发现并提出的。他在研究匈牙利经济时发现，匈牙利的部分国有企业即使长期亏损也不允许倒闭，亏损的国有企业依靠政府的财政补贴或者其他干预方式存活下来，企业对政府干预的预期也会影响着企业经营者的行为，使之采取低效率的工作方式。①

一般情况下，企业都面临预算(硬)约束，即支出不能超出初始禀赋和企业收益之和。科尔内(Kornai，1980)认为当企业的支出超过了初始禀赋和收益之和，如果超额支出由其他机构②(政府)承担了，该企业就面临着预算软约束，反之，如果面临经营困境的亏损企业因没有得到政府财政干预或保护而破产，则认为该企业的预算约束是硬的(hard budget constraint)。

究竟是什么原因导致了预算软约束问题？已有文献认为政府帮助陷

① Kornai J. Resource-Constrained versus Demand-Constrained Systems[J]. *Econometrica*, 1979, 47(4): 802 - 820. Kornai J. *Economics of Shortage*[M]. Amsterdam: North-Holland, 1980.

② 这里的外界干预可以来自政府，也可以来自其他组织，例如，母企业对子企业的预算软约束问题等，但是大部分的文献所关注的都是政府对企业的干预。

入困境的企业的理由大致有以下四点：

一是出于父爱主义(paternalism)。科尔内(Kornai, 1980)认为在社会主义国家,因为不希望失业人口增加等因素,政府认为自己有责任去保护亏损的国有企业。

二是政府为减小亏损企业的外部效应。一家大型企业倒闭,会冲击到很多与之有业务往来的企业,对整个国家经济的影响很大,因而会促使政府进行干预。例如,2007 年末的美国次级贷款危机爆发后,美国政府接管了房地美和房利美两家大型的房地产公司,并且对花旗银行进行了救助。

三是政府为自身收益最大化。如果政府不干预,企业将被清偿,政府对企业前期的投资就完全无法收回,如果进行了干预,则前期投资多少能够收回一些,也就是说,对政府而言,再投资要优于清偿。德沃特里庞和马斯金(Dewatripont and Maskin, 1995)的主要思想正是如此。

四是企业担负了政策性负担。林毅夫(1997)认为政府对企业的政策性负担所造成的亏损负有责任,因此政府必然要对这类企业进行财政支持以让其继续生存。

由于公用事业的本质属性就是提供准公共物品,因此即使在福利性规制定价下需要政府补贴维持正常运营,也不应该被看作是担负了"负担"。因此,公用事业企业预算软约束的产生原因比一般性企业还要复杂。

(2) 预算软约束理论演进

在科尔内提出了预算软约束问题之后,尽管已经有大量的文献涉及了预算软约束问题,但从数理模型上分析预算软约束的产生机制且比较受到认可的文献只有两篇,一篇是德沃特里庞和马斯金(Dewatripont and Maskin, 1995,简称 DM 模型)的文章,另一篇是沙费尔(Schaffer, 1989)的文章,前者有着广泛影响,后者的影响较小。此后大部分讨论预算软约束问题的文献,基本上都延续了 DM 模型。①

沙费尔(Schaffer, 1989)从预算软约束的角度解释了在中央计划经

① 科尔内(Kornai)和马斯金(Maskin)以及罗兰(Roland)合写的一篇关于预算软约束的综述对此问题有着详细论述。Kornai J, Maskin E, Roland G. Understanding the Soft Budget Constraint [J]. *Journal of Economic Literature*, 2003, 41(4): 1095 - 1136.

济中企业的低效率问题。在沙费尔的模型中,当政府不进行干预的时候,经营者使自身收益最大化的选择是付出努力,当政府进行干预的时候,经营者的最优选择是不付出努力,在中央计划经济中,经营者预期政府一定会干预而选择不努力,因而产生了预算软约束。沙费尔的文章存在以下两个问题:(1)没有从经济学的角度解释清楚政府干预的理由。在沙费尔(Schaffer, 1989)的模型设定中,政府完全可以承诺不进行干预并且严格执行自己的承诺,从而可以迫使企业经营者付出努力以完全避免企业“预算软约束”。(2)没有解释相比于资本主义国家,为什么社会主义国家和转型国家更容易出现预算软约束问题。后来,德沃特里庞和马斯金(Dewatripont and Maskin, 1995)对这两个问题给出了答案。

德沃特里庞和马斯金(Dewatripont and Maskin,1995)基于完全契约的框架,构建了一个两期非对称信息(动态逆向选择)模型,分析信用市场的集中(集权)和分散(分权)对项目(效率)选择的影响。文章把项目分为两类——好项目(good project)和坏项目(poor project),经营者知道项目类型,而银行(政府)并不清楚。好项目第一期运营即可获得收益,并且收益大于投资成本,坏项目第一期运营不能盈利,在第二期开始时,第一期的投资已经是沉没成本,银行(政府)有两种选择——清偿或再投资,其中清偿就意味着银行(政府)没有再投资。当不考虑沉没成本时,再投资的支付函数大于清偿的支付函数,可以推导出再投资的条件,即事后条件(ex post criterion);当考虑了沉没成本,再投资的支付函数大于两期的总投资成本,可推导出事前条件(ex ante criterion),事前条件意味着坏项目是缺乏效率的。当两个条件同时满足时,银行会投资一个没有效率的(不盈利的)项目,使之得以生存。DM模型指出如果第一期和第二期的资本投入不是来自一个机构(即分权,decentralization),交易成本增加,使得再融资变为“事后无效”,预算约束会因此而被硬化。

DM模型从隐藏信息的角度(hidden information)较好地解释了沙费尔没有解决的两个问题,但是却没有从隐藏行为(hidden behavior)的角度考虑企业经营人员的行为对“预算软约束”的影响。当企业经营人员预期到如果企业陷入困境肯定会得到政府的干预和补贴，那么他们就会扭曲自己的行为而选择付出更少的努力去获得更多的租金，从而影响不盈利项目的亏损程度并使得预算约束进一步软化。政府干预越频繁，企业越依赖于获得帮助，努力程度扭曲得越严重，政府的补贴数额越大。此外，DM 模型的结论是信用分权可以促使经理人不启动坏项目从而避免预算软约束，然而，这就等同于投资（前期投资以及随后的追加投资）的大门对坏项目彻底关闭，由于公用事业领域的特殊性，我们不可能像德沃特里庞和马斯金（Dewatripont and Maskin, 1995）认为的那样通过分权的办法彻底关闭融资渠道来避免公用事业国有企业的预算软约束问题。如何对这类企业进行前期投资及随后的再融资并努力缩小补贴（再融资）是摆在投资方①面前的一个非常棘手的问题。

李稻葵（1992）②认为造成社会主义国家比资本主义国家更容易出现预算软约束问题的一个重要原因是公共产权（public ownership），他将公共产权定义为银行和企业共同决定是否再投资。文章沿用了 DM 模型，论证了相比于由银行单方面决策的资本主义国家的私有产权，在具备公共产权特色的社会主义国家中，预算软约束问题更容易发生。

如果说李稻葵（1992）从企业和银行之间关系入手分析预算软约束问题，贝里勒夫和罗兰（Berglöf and Roland, 1995）则是从政府和银行关系入手进行分析的。他们认为政府关心社会福利而不愿意企业倒闭，对企业的再投资可以有利于银行和政府进行讨价还价，从而得出的结论是政府和银行的紧密关系同样会导致企业的预算软约束。

钱颖一和罗兰（Qian and Roland, 1998）从另一个角度发展了 DM 模型，提出了地方政府补贴亏损企业的机会成本是减少对基础设施的投资，而基础设施可以吸引外资。机会成本的增加有利于硬化企业的预算约束。钱颖一和罗兰（Qian and Roland, 1998）在外商投资总数不变的条

① 大多数情形下，福利性定价下的公用事业企业的投资方是政府。

② Li David D. Public Ownership as a Sufficient Condition for the Soft Budget Constraint[R]. University of Michigan Center for Research on Economic and Social Theory (CREST), Working Paper Number 93-07, 1992.

件下给出了地方政府和中央政府的支付函数，并分别推论出了两种情况下的企业预算软约束产生的条件。钱颖一和罗兰（Qian and Roland, 1998）进一步证明出了在地方政府投资情况下的企业预算软约束产生的条件要强于在中央政府投资的情况下，即财政分权能够硬化企业的预算约束。同时，文章也指出政府分权不会必然硬化地方政府的预算约束，反而地方政府会扭曲自己的财政支出行为，以便从中央政府获得更多的资金。

此外，基于预算软约束问题，钱颖一和许成钢（1998）解释了为什么在集权国家企业创新能力较低；佩罗蒂（Perotti, 1993）认为不同项目之间的贸易联系越多，银行对企业的预算约束就越放松；德沃特里庞和罗兰（Dewatripont and Roland, 2000）则回答了为什么技术创新在财政分权（decentralized financial system）的国家要多于中央银行主导（central bank-oriented system）的国家。

（3）转型经济中的预算软约束问题

早期关注预算软约束问题的文献大多认为，预算软约束源于（社会主义国家）国有企业的公有制产权结构。然而，随后更多的研究表明预算软约束现象在转型国家甚至私有制国家都存在，并非社会主义国家所独有。在DM模型中，前后期投资的主体相同（集权时的情形），企业有可能出现预算软约束问题，但DM模型的分析没有涉及产权结构，因而，也同时适用于转型国家及私有制国家。

目前，并没有找到合理的理论依据支持通过私有化可以消除企业的预算软约束问题。相反，东欧和前苏联进行了大规模的私有化和政治体制改革，国有企业在私有化之后并没有就此消除预算软约束，政府依然对企业进行着各种财政支持。① 尽管如此，大多数的文献认为转型国家的国有企业改革的一个重要任务就是硬化企业的预算约束，对此，一些学者给出了如下不同的答案。

① World Bank. *World Development Report 1996: From Plan to Market*[M]. Oxford and New York: Oxford University Press, 1996: 45.

车家华(2000)①假设：离开了稳定的宏观经济环境，企业不可能取得好的经营业绩，而国有企业迅速减产将危及宏观经济环境的稳定。一方面，国有企业因存在预算软约束得以避免迅速减产，有利于稳定宏观经济；另一方面，具有硬化的预算约束的非国有企业的健康发展，需要稳定的宏观经济。因此，虽然预算软约束问题使得国有企业缺少提高绩效的激励，但是国有企业的预算软约束却有利于非国有企业的快速成长。相比之下，在转型经济中，对所有的企业都硬化预算约束反而更有害于经济发展。同时，文章也指出，借助于非国有企业对国家总体经济状况的强大推动力，国有企业推迟了本应该进行的硬化预算约束的改革，因此国家经济就不得不暂时忍受由此带来的其他各种无效率。

林毅夫②(1997, 1999)认为：一方面，社会主义计划经济和转型经济普遍存在预算软约束的根源在于国有企业承担了某种政策性负担③；另一方面，获得政府财政帮助的国有企业一旦硬化了预算约束就丧失了竞争力。因此，在转型经济中，国有企业改革首先要剥离政策性负担，使其具备了竞争力(自生能力)之后，再谈硬化预算约束，否则只能进一步恶化国有企业的预算软约束。

2.2.2　公用事业预算软约束及经营者激励问题

林毅夫及其合作者④系统地阐述了关于转型经济中企业的预算软约束问题的观点，认为“政策性负担”是形成国有企业预算软约束问题的根本原因，本书认为林毅夫的观点并不适用于公用事业领域。

---

① Che Jiahua. Soft Budget Constraints, Pecuniary Externality, and China's Financial Dual Track [R]. William Davidson Institute, Working Paper Number 261, 2000.

② Lin Justin Yifu, Tan Guofu. Policy Burdens, Accountability, and the Soft Budget Constraint [J]. *The American Economic Review*, 1999, 89(2). 林毅夫，蔡昉，李周. 充分信息与国有企业改革[M]. 上海：上海三联书店、上海人民出版社，1997.

③ 林毅夫(1997, 1999)认为政策性负担会造成国有企业缺乏自生能力，因而需要得到政府的保护和补贴。

④ 林毅夫，蔡昉，李周. 充分信息与国有企业改革[M]. 上海：上海三联书店、上海人民出版社，1997.

首先，公用事业企业的本质属性是公共性，提供公用事业产品或服务是其存在的重要原因，不应该是“负担”。其次，在福利性规制定价下，政府必须通过补贴等方式对经营公用事业的国有企业和(或)私人企业进行财政支持。再次，并不是只要存在政府补贴就一定产生预算软约束。只有当政府无法识别企业的真实亏损，从而导致部分企业会谎报自己的亏损以获得更多的补贴时才产生预算软约束，例如经营者夸大亏损程度并付出更低的努力以加重政府补贴负担。最后，建立合理的激励机制和竞争机制可以尽可能地限制经营者的道德危机和逆向选择，因而能够在一定程度上硬化公用事业企业的预算约束。

公用事业企业的预算软约束问题根源在于福利性规制定价无法弥补运营成本，以及在信息不对称和契约不完全情况下的经营者激励问题。在政府的福利性规制价格下，高额的投资成本使得公用事业企业在没有补贴的情况下不可避免地面临亏损，即产生“政策性亏损”。公用事业企业经营者由于预料到政府一定会补贴企业不会让其破产，而选择偷懒、浪费或过度投资等行为造成的原本可以避免的亏损，属于“经营性亏损”，其行为属于“道德危机”问题。公用事业企业经营者采取瞒报企业成本类型，伪装成高成本以骗取更多补贴的情况，是“逆向选择”问题。

在信息不对称情况下，因为补贴无法在事前写入契约，政府一方面很难分清公用事业企业的亏损是“政策性”的还是“经营性”的，另一方面也难以分清楚企业经营者汇报的企业成本类型是真实的还是虚假的。然而，政府又不能推卸对政策性亏损的责任，也不能让公用事业企业破产，只好通过政府补贴等各种方式，把企业申报的亏损(补贴)负担起来。又由于契约不完全，政府无法确保补贴事后被严格执行，公用事业企业可能会存在事后“敲竹杠”行为，向政府讨要更多的财政支持。

激励性契约是研究管理层激励问题的一个重要内容。激励性契约最主要的目的就是促使经理人的个人利益和投资者利益保持一致，以激励经理人能够基于投资者利益进行经营决策，从而降低监督成本和代理成本(Jensen and Meckling, 1976)。在现实中，激励性契约包含股权期权、基于关键绩效指标(key performance indicator)的薪酬结构等。中国绝大多数公用事业企业都不是上市公司,信息披露程度有限,现有的激励性契约缺少生存土壤。

2.3　公用事业政府规制的理论研究

规制理论是公共经济学(public economics)面向产业组织理论的应用,旨在研究政府干预产业行为的不同方式以及政府干预所带来的结果。这些干预可能带来好的结果,也可能带来坏的结果。政府规制充斥着我们生活的方方面面,基本上可以分为两大类:一是社会规制,涉及健康、安全和环境保护等的标准制定①;二是经济规制,对企业的定价、行业的进入与退出等的强制性制约。

传统的规制经济学在对称信息条件下研究政府规制问题,提出了公共利益理论、俘获理论,并且将注意力集中在特定的规制制度上。以拉丰等经济学家为代表的新规制经济学的主体框架则建立在委托代理理论(激励理论、契约理论)②之上,解决了在非对称信息条件下的被规制企业(经营者)的激励问题。格罗斯曼和哈特等经济学家又将规制理论发展到了不完全契约领域。

2.3.1　传统规制理论基本观点及规制方法

(1) 基本观点

以卡恩(A. E. Kahn)等经济学家为代表的公共利益论认为政府规制能够抑制市场失灵,维护公共利益,实现社会净福利水平的提升。公共利益论有两个基本假设:一是由于垄断和外部性,无规制的(自由放任)市场常常失灵,二是政府是良好运转的,可以通过规制来纠正市场失灵。随后

① 又称为 HSE 规制,即 Health, Safety and Environmental Regulation。
② 在主流经济学中,委托代理理论、激励理论、契约理论几乎是完全等价的同义词。

产生的以施蒂格勒(Stigler)等经济学家为代表的规制俘获理论对这两个基本假设给予了严厉的批评。他们认为,市场不能自行解决的问题可以通过规定产权归属由私人谈判处理,没有任何一个政府能够通过干预市场而解决多数的市场失灵问题。并且,由于规制者的无能或腐败,政府规制有可能使情况变得更糟。

规制俘获理论的主要论断和命题是:(1) 规制机构是自利的,规制供给的动力来源于政治市场选票最大化选择;(2) 规制机构常常被被规制的行业或企业俘虏,从而使得规制政策有利于被规制的行业或企业。佩尔兹曼等(Peltzman et al., 1989)指出一方面规制不仅不能阻止垄断定价,还可能使得垄断定价得以维持;另一方面在有组织的顾客群体的影响下,规制者试图提高社会福利却常常失败。他认为政府规制的范围应该越小越好。

(2) 政府规制方法

在 20 世纪 80 年代前,传统规制经济学按着以下两个截然不同的范式发展:一是服务成本规制(cost of service regulation);二是拉姆齐-博伊塔克(Ramsey-Boiteux)规制。由于理论研究的局限,对提供公用事业的企业,政府最早采用服务成本规制方式。服务成本规制实际上是平均成本定价,即旨在平衡总收益和总成本,也就是说,在服务成本规制定价下,公用事业企业收支平衡,不需要政府的财政转移支持。

① 服务成本规制[①]

很多国家都通过限制公用事业的资本回报率来对这些公用事业企业进行规制。由于被规制企业(公用事业企业)期望得到更高的价格,而广大消费者却指望能够享受到廉价的公用事业产品或服务,因此,服务成本规制可以被看作是规制企业和广大消费者之间的制衡过程。对公用事业企业设定合理的资本回报率,一方面必须能够为公用事业吸引到足够的资本,另一方面,又必须避免这些公用事业企业过度使用手中的垄断势力为

① 正如拉丰(Laffont, 1993)所指出的,更多的文献及教科书把“服务成本规制”(cost-of-service regulation)称为“投资回报率规制”(rate-of-return regulation),因为除了服务成本规制外,还存在其他的规制机制设定了投资回报率,使用“投资回报率规制”这一说法更加合适。

自己谋求过高的资本回报率(收益率)。

公用事业企业一般都存在规模经济,服务成本规制实际上是平均成本定价。由于平均成本定价能将企业成本转嫁出去,被规制企业缺乏动力去降低成本,并且还会产生过度资本化的倾向(Averch-Johnson 效应)。此外,政府很难从会计数据中准确衡量被规制企业的平均成本。也正因为此,服务成本规制在理论上面临着许多批评。

② 拉姆齐-博伊塔克规制

拉姆齐-博伊塔克规制是最优化过程的结果。政府在预算约束下选择税收水平来最大化社会福利。拉姆齐-博伊塔克规制的核心问题是定价问题。例如,当效用函数可分离且不考虑收入效应的情况下,最优定价偏离于边际成本定价的程度和需求价格弹性成反比。即需求弹性较大的商品,最优定价偏离边际成本定价的程度要小;需求弹性较小的商品,偏离的程度相对较大。公用事业的产品或服务的需求弹性较小,因此在拉姆齐-博伊塔克规制下的最优定价偏离边际成本定价的程度较大。

针对拉姆齐-博伊塔克规制的主要批评意见有以下三点[①]:

首先,最优定价偏离边际成本定价的比例与预算约束的拉格朗日乘子相关,而拉格朗日乘子本身又和消费者的需求函数及厂商的成本函数相关。规制机构要按照拉姆齐-博伊塔克规制设定最优价格(税收)就必须掌握关于全体消费者的需求函数和厂商的成本函数的所有信息。这对于规制机构来说是几乎不可实现的。因此,我们在现实中所看到的往往是对于所有商品在边际成本的基础上征收统一的税率。其次,厂商的预算约束没有在理论上得到很好的研究。最后,拉姆齐-博伊塔克规制也沿着仁慈政府的假定,完全忽略了规制机构和被规制厂商之间的激励问题,事实上,这已经成为当今(规制)政策制定中的核心问题。

① Laffont J - J. The New Economics of Regulation Ten Years After[J]. *Econometrica*, 1994,62(3): 507 - 537.

2.3.2 新规制经济学基本分析思路及规制方法

规制者,不管他们出于何种目标,都缺乏关于被规制企业的全部有用信息。只有当我们明确写出关于这些信息的约束时,才可能在规制经济学领域取得实质性的进展。与传统规制经济学不同的是,新规制经济学(the new economics of regulation)强调规制者和被规制企业之间的信息不对称,将 20 世纪 70 年代开始发展的委托—代理理论应用到了规制领域。

新规制经济学(Laffont, 1994)应用委托—代理理论(激励理论、契约理论)研究规制机构和被规制企业之间的契约关系,其中委托人是政府或者某个规制机构,代理人是被规制企业。政府在满足企业的参与约束和激励相容约束的条件下最大化社会福利。用数学上的语言,我们可以认为新规制经济学本质上是一个信息不完全条件下的控制问题,是委托—代理理论(激励理论或契约理论)的一个应用。

(1) 基本模型

巴郎和梅尔森(Baron and Myerson, 1982)撰写了第一篇正式将激励理论应用到新规制经济学的经典文献①,研究了对一个自然垄断厂商进行规制的情形。假设厂商的成本不可观察,满足 $C(q, \theta)=(c_0+c_1\theta)q+(k_0+k_1\theta)$, 其中 $\theta\in[\theta_0, \theta_1]$, 是企业不可观察的参数(代表逆向选择参数);假设自然垄断厂商面临逆需求函数 $P(q)$, 如果忽略收入效应,消费者剩余等于 $\int_0^q P(\tilde{q})d\tilde{q}-pq$。

巴郎和梅尔森(Baron and Myerson, 1982)假设规制者的效用函数是自然垄断厂商利润和消费者效用的加权平均数。由于规制者可以设定让企业真实报告自己成本的激励相容约束,根据显示原理(the revelation principle),我们总是可以找到让企业报告自己真实参数 θ 的规制方案,因此最优规制也就是规制者在自然垄断厂商满足激励相容约束下的最优化

① Laffont J-J. The New Economics of Regulation Ten Years After[J]. *Econometrica*, 1994,62(3): 507-537.

问题。当参数 θ 不可观察时(信息不对称情形),激励相容约束下我们往往只能得到次优(second best)的结果;当然,只要参数 θ 可观察(信息对称情形),就可以得到最优(first best)的结果。

拉丰和梯若尔(Laffont and Tirole, 1986)撰写了另一篇关于新规制经济学的经典文献。拉丰和梯若尔(Laffont and Tirole, 1986)认为如果在巴郎和梅尔森(Baron and Myerson, 1982)的模型中引进成本可观察的假设,就有可能根据观察到的成本反推出厂商的真实类型(即 θ 的确定值),从而,通过对被规制者设定适当的惩罚措施,能够达到最优的结果。拉丰和梯若尔(Laffont and Tirole, 1986)假设自然垄断厂商的成本函数为 $C=(\beta-e)q+\varepsilon$, 其中 C 可观察,但是厂商的参数 $\beta\in[\underline{\beta}, \bar{\beta}]$ 和努力水平 e 都不可观察, ε 为随机扰动项。厂商付出努力 e 给自己带来的负效用为 $\psi(e)$, 函数 $\psi(\cdot)$ 满足 $\psi'>0$, $\psi''>0$ 且 $\psi'''\geqslant 0$。由此,拉丰和梯若尔(Laffont and Tirole, 1986)在自然垄断厂商的成本函数中引入厂商的努力水平以及影响衡量成本的误差项 ε, 从而有效地避免了巴郎和梅尔森(Baron and Myerson, 1982)成本函数不可观察的特殊假定。

上述新规制经济学的基本模型可以进一步在以下几个层面扩展①:

第一,允许垄断厂商选择不同的产品质量 s, 产品质量 s 不可观察。被规制企业的成本函数变为 $\psi(e, s)$, 利润函数为 $EU=\hat{t}+R(q)-C(\beta, e, q)-\psi(e, s)$, 其中 $R(q)$ 是企业出售商品(服务)的收益, $\hat{t}$ 是规制者给企业的转移支付。第二,允许不同的消费者具有自己的不可观察特征参数 θ, 记消费者从垄断厂商提供的产品或服务的消费中得到效用 $S(\theta, s, q_1, \cdots q_n)$。消费者的期望效用函数为 $S(\theta, s, q)-R(q)-(1+\lambda)\hat{t}$。其中 λ 代表公共资金的社会成本,即由税收的扭曲效应而带来的成本。规制者的社会福利函数是消费者的期望效用加企业的利润: $W=S(\theta, s, q)-R(q)-(1+\lambda)\hat{t}+EU$。

在上述模型扩展设定下,我们先求解垄断厂商的最优化问题。根据显

① Laffont J-J. The New Economics of Regulation Ten Years After[J]. *Econometrica*, 1994, 62(3): 507-537.

示原理，自然垄断厂商选择 $\beta = \hat{\beta}$, $e = e(\hat{\beta})$ 最大化其利润函数，也就是说规制者针对特定类型 β 的自然垄断企业设定的规制方案应该满足激励相容约束(IC 约束)：

$$\beta \in \underset{\hat{\beta}}{\operatorname{argmax}} = \hat{t}(\hat{\beta}) + R(q(\hat{\beta})) - C(\beta, e(\hat{\beta}), q(\hat{\beta})) - \psi(e(\hat{\beta}), s(\hat{\beta}))$$

规制者还面临自然垄断企业的个人理性约束(IR 约束) $EU(\beta) \geqslant \bar{u}$。在激励相容约束和个人理性约束下，规制者最大化社会福利函数 $W = S(\theta, s, q) - R(q) - (1+\lambda)\hat{t} + EU$。因此，在规制者与自然垄断企业信息不对称的情形下，政府规制问题可以写成以下的最优化问题：

$$\max S(\theta, s, q) - R(q) - (1+\lambda)\hat{t} + EU$$

$$\text{st} \quad \beta \in \underset{\hat{\beta}}{\operatorname{argmax}} = \hat{t}(\hat{\beta}) + R(q(\hat{\beta})) - C(\beta, e(\hat{\beta}), q(\hat{\beta})) - \psi(e(\hat{\beta}), s(\hat{\beta}))$$

$$\text{and} \quad \hat{t} + R(q) - C(\beta, e, q) - \psi(e, s) \geqslant \bar{u}$$

(2) 模型简化

上述基本模型尽管有着一般性的结构，却很难得到具有特定意义的结论，因此需要进行特定的简化。较为常见的是通过对自然垄断企业设定线性契约实现次优的结果。① 该简化模型假设消费者的效用为固定值 S，自然垄断企业的成本函数是线性的，记为 $C = \beta - e$，其中 β 为企业不可观察的类型(例如成本类型)，β 在 $[\underline{\beta}, \bar{\beta}]$ 上的密度函数为 $f(\beta)$；e 是企业不可观察和证实的努力程度，努力的负效用为 $\psi(e)$。假设企业的收入归规制者，规制者负担企业的成本 C，并且给企业转移支付 t，企业的效用函数是：$U = t - \psi(e) = t - \psi(\beta - C)$。在信息不对称的情形下，规制问题可以写成以下的最优化问题：

$$\max \int_{\underline{\beta}}^{\bar{\beta}} [S - (1+\lambda)(\beta - e + \psi(e)) - \lambda U(\beta)] f(\beta) d\beta$$

$$\text{st} \quad \beta \in \underset{\hat{\beta}}{\operatorname{argmax}} = \hat{t}(\hat{\beta}) - \psi(\beta - C(\hat{\beta}))$$

$$\text{and} \quad U(\beta, e, q) \geqslant \bar{u}$$

① Laffont J - J, Tirole J. Using Cost Observation to Regulate Firms[J]. *Journal of Political Economy*, 1986, 94(3): 614 - 641.

以上数学规划问题的解是

$$\psi'(e^*(\beta)) = 1 - \frac{\lambda}{1+\lambda}\frac{F(\beta)}{f(\beta)}\psi''(e^*(\beta))$$

$$U^*(\beta) = \int_{\beta}^{\bar{\beta}}\psi'(e^*(\hat{\beta}))d\hat{\beta}$$

根据上述解(一阶条件),我们可以得到以下结论:(1) $\psi'(e^*(\underline{\beta})) = 1$, $U^*(\underline{\beta}) = \int_{\underline{\beta}}^{\bar{\beta}}\psi'(e^*(\hat{\beta}))d\hat{\beta}$, 这和信息对称的基准情况相同。其经济意义是,在信息不对称情况下,最有效(成本最低)的自然垄断企业虽然付出了最优的努力程度却也获得了最大的租金,同样意味着规制机构为避免最有效企业的扭曲行为而付出了最大的代价。(2) $U^*(\bar{\beta}) = \int_{\bar{\beta}}^{\bar{\beta}}\psi'(e^*(\hat{\beta}))d\hat{\beta} = 0$, 即使在信息不对称的情形下,规制方案也应该让最无效的企业拿不到任何租金。(3) 当 $\beta > \underline{\beta}$ 时, $\frac{\lambda}{1+\lambda}\frac{F(\beta)}{f(\beta)}\psi''(e^*(\beta)) > 0$, 信息不对称时,除了最有效的企业不存在扭曲行为外,其他类型的企业都不会付出最大的努力,即行为存在一定的扭曲。(4) 当 $\beta < \bar{\beta}$ 时, $\int_{\beta}^{\bar{\beta}}\psi'(e^*(\hat{\beta}))d\hat{\beta} > 0$, 信息不对称时,除了最无效的企业拿不到租金外,其他类型的企业或多或少都能获得一定的租金。(5) 由于企业的成本函数 C 和企业类型 β 存在着线性关系,信息不对称下的最优规制方案可以设定为成本 C 的线性转移支付函数 $T(C)$。根据显示原理,企业会根据自己的类型 β 选择合适的努力水平 e, β 和 e 决定了成本 C, 从而决定了企业能够得到的合适的转移支付 $T(C)$。

此外,上述简化模型由于假设消费者的效用是固定值 S, 因而无法讨论最优定价问题。拉丰和梯若尔(Laffont and Tirole, 1990)①假设消费者的需求函数是 $S(q)$, 其他的分析框架不变。

(3) 动态扩展与不完全契约的应用

拉丰和梯若尔(Laffont and Tirole, 1993)《政府采购与规制中的激励

① Laffont J-J, Tirole J. Optimal Bypass and Creams Skimming[J]. *The American Economic Review*, 1990,80(5): 1042-1061.

理论》一书对上述基本模型的扩展和应用进行了很好的总结。除此之外，新规制经济学还沿着其他不同的方向发展：由静态扩展到动态①，由完全契约扩展为不完全契约。

动态的新规制经济学需要解决规制机构对企业承诺的可信性和时间不一致问题。关于新规制经济学动态化发展主要有巴郎和贝桑科(Baron and Besanko, 1984)以及拉丰和梯若尔(Laffont and Tirole, 1988)的经典文献。前者论证了当规制机构和被规制公共企业之间的承诺可信且当企业类型一成不变时，最优的动态规制方案是(最优的)静态规制方案的简单重复②；后者进一步指出，如果规制机构的承诺不可信，那么规制机构和企业之间存在时间不一致问题，从而会导致棘轮效应(ratchet effect)。③ 值得指出的是，不管是巴郎和贝桑科(Baron and Bersanko, 1984)，还是拉丰和梯若尔(Laffont and Tirole, 1988)，他们都是在完全契约的框架下进行分析的。

格罗斯曼和哈特(Grossman and Hart,1986)撰写了第一篇用模型严格分析不完全契约理论的经典文献。其后，有大量的文献对不完全契约进行了研究。尽管不完全契约的文献非常庞杂，迄今为止，不完全契约的基石(foundation)只有两类：一类是以格罗斯曼、哈特和穆尔(Grossman and Hart,1986; Hart and Moore, 1990)的研究为代表；另一类以阿吉翁和博尔顿(Aghion and Bolton, 1992)的研究为代表。前者假设行为(例如契约双方是否进行交易)在事前不可描述(ex ante non-describable)但事后可证实(ex post verifiable)。Grossman-Hart-Moore 主要从契约的不完全性来解释所有权和(或)产权结构的变化对(次优)投资的影响，其中所有权和(或)产权指的是对资产的剩余控制权和对资产的排他使用权。后者则基于两个假设来研究契约不完全所造成的事后无效。其中一个假设是行为

① Laffont J - J. The New Economics of Regulation Ten Years After[J]. *Econometrica*, 1994, 62(3): 507 - 537.

② 巴郎和贝桑科(Baron and Bersanko,1984)没有考虑企业经理的行为，是一个动态的逆向选择问题。

③ 棘轮效应一词最初来自对苏联式计划经济制度的研究，特指表现好的企业反而会因标准上升而受到惩罚(鞭打快牛)的现象。

无法写进契约，另一个假设是契约双方中的一方因受到财富约束的限制而无力给契约另一方足够的转移支付来诱使对方选择事后有效的行为。阿吉翁和博尔顿(Aghion and Bolton, 1992)假设两种类型经营者，好的经理 θ_g 和坏的经理 θ_b，经理可以采取两种不可证实的行为，好的行为 a_g 和坏的行为 a_b。项目收益也有两种，产生收益 $r=1$ 和不产生收益 $r=0$。阿吉翁和博尔顿(Aghion and Bolton, 1992)进一步假设经营者的类型 θ 在事前无法写进契约，但规制者可以通过观察到的与 θ 相关的信号 s 来推断经营者的类型 θ，因此规制者对经营者的薪酬 t 是收益 r 和信号 s 的函数，即 $t=t(s, r)$，基于以上设定，阿吉翁和博尔顿(Aghion and Bolton, 1992)在不完全契约框架下探讨了资本结构对经营者(次优)努力水平的影响。

(4) 政府规制方法

不仅在中国这样的转型国家，即使在美国、英国等资本主义国家，对供水、供气、供热、邮政、固定电话、公交地铁、污水处理、垃圾处理和铁路等公用事业的政府规制问题也同样非常重要。在现实中，政府对公用事业领域的规制，主要表现在价格、质量、进入退出以及普遍服务等几个方面。其中，价格规制是政府规制的核心内容。

由于传统定价措施所产生的问题，到了 20 世纪 80 年代，一些经济合作与发展组织(OECD)成员国已经放松了高强度的价格监管，更多地依赖于加强规范新进入市场的参与者与传统企业之间的竞争(OECD, 2007)。因此，OECD 各成员国在放松价格监管的同时，加大了公用事业市场的开放程度，并随之放松了管制程度。随之产生了一系列的“公用事业私有化”浪潮。在此阶段，政府规制方式越来越多样化，最高限价、特许经营权拍卖、标尺竞争和质量监管等新的规制机制开始出现。

最高限价(price caps)被认为比服务成本规制更具优势，能够激励企业经营者最小化成本。① 有些国家在部分公用事业开放服务价格规制时，遇到了抵触(OECD, 2007)，具体原因是新企业进入市场缓慢而不顺利，限

① Laffont J - J, Tirole J. *A Theory of Incentives in Regulation and Procurement* [M]. Cambridge, MA: The MIT Press, 1993: 13.

制了市场竞争，传统企业价格制定偏高。由此，政府和监管者不得不进行价格干涉，以保护消费者。1984 年英国电讯管理部门(the Office of Telecommunications)制定了价格上限，随后 1989 年美国的联邦通信委员会(Federal Communications Commission)对 AT&T 公司实行了价格上限规制。

特许经营权大多采取公开拍卖的形式，获得特许经营权的企业往往需要作出新增投资或引入新管理方式的承诺，私人部门对企业拥有经营自主权，但政府仍可从宏观上对其进行指导和监管。经营期满时，政府可以恢复对企业的直接管理，也可将特许经营权再次出让。1995 年英国开始通过特许经营的方式对必须依赖政府补贴才能够维持经营的企业(如公共运输系统和邮政系统)进行私有化。① 美国有线电视也是由地方政府通过特许经营权竞标的方式选择经营企业。②

施莱弗(Shleifer, 1985)提出了区域间标尺竞争理论模型。规制者不知道某企业初始的边际成本，无法得知该企业是否做出了降低成本的努力，让规制定价等于其他企业的平均成本，以打破价格和企业自身成本的联系，起到激励经营者提高努力程度的作用。英国的供水产业采用标尺竞争取得了比较好的效果。③

OECD 各成员国出于对环境、安全、健康和保护消费者的考虑，对公用事业的产品和服务质量进行监管。政府监管者应该认识到，较高的质量监管标准意味着更高的成本和价格。在放松价格规制和准入规制的同时，政府对质量的监管更加侧重于产出而非投入。这一措施被证明可以明显减少公用事业企业试图采用低成本材料的动机(OECD, 2007)，从而确保了公用事业产品质量。

最近几年，关于政府规制更多的研究集中在公用事业部分可以分离成

---

① 英国、德国、捷克的国有资产出售运作方式及其对中国国有企业改革的启示[R]. 国务院发展研究中心调查研究报告第 62 号(总 1697 号)，2002.

② 周耀东. 中国公用事业管制改革研究[M]. 上海：上海人民出版社，2005：133－134.

③ 周耀东. 中国公用事业管制改革研究[M]. 上海：上海人民出版社，2005：170.

竞争性部门和基础网络后的接入定价问题。[1] 接入价格过高会阻止有效率的新进入者或带来重复建设，接入价格过低又无法弥补原有厂商的固定成本，造成新进入者掠夺原有厂商市场份额的局面，同时也会带来进入过度问题。

正如拉丰(Laffont, 1993)所指出的，目前研究政府规制的文章大多沿着两个不同角度展开，一是政府是否对被规制企业进行补贴[2]，应该如何进行补贴；二是关注政府规制和企业价格、成本以及绩效之间的联系，比较几种规制手段的激励程度。[3]

本书正是从拉丰所说的第一个研究角度研究公用事业规制问题。“当被规制企业是国有企业时，政府的财政转移相对更加普遍。例如 1976 年美国已经国有化的铁路系统获得了政府相对大的财政补贴”[4]，本书关注政府对公用事业国有企业补贴所带来的预算软约束的产生机制。和特许经营权拍卖相似的是，本书期望通过对不同经营者拍卖补贴的方式在基础网络层面引入竞争；与接入价格文献不同的是，不是让新厂商进入市场和原厂商展开竞争，而是为原厂商选择下一任经营者。

2.4　公用事业改革：国内研究

国内研究公用事业改革的文献主要有以下几类：

第一类文献介绍国外公用事业民营化经验，强调引入私人资本的重要性，进而讨论如何推进中国公用事业民营化改革。张曙光(2003)、张维迎(2003)、肖兴志(2004)、李扬和张万红(2006)等关注公用事业改革的早期

---

① 见鲍莫尔-威利格(Baumol-Willig)有效成分定价。

② 即是否能够获得公共资金(public funds)。

③ 通过分析现行几种规制手段的激励强度，拉丰指出“这些激励设计的目的和具体的实施效果之间存在巨大的差异”。Laffont J - J, Tirole J. *A Theory of Incentives in Regulation and Procurement*[M]. Cambridge, MA: The MIT Press, 1993: 11.

④ Laffont J - J, Tirole J. *A Theory of Incentives in Regulation and Procurement* [M]. Cambridge, MA: The MIT Press, 1993: 13.

文献大多属于这一类。通过此类文献,我们了解到公用事业可以通过特许经营权制度,以及政府与私人资本合作的模式(Public Private Partnerships,即 PPP 模式) 推行民营化改革。具体做法有: BOT 模式,私人资本被授权先投资开发然后在特许权期内经营,期满后政府无偿获得项目所有权和运营权;LBO 模式,政府将已经存在的公共基础设施租赁给私人企业;BOO 模式,私人企业被授权建设公共基础设施,拥有产权可长久经营;BBO 模式,指政府出售公共基础设施,私人企业获得产权可长久经营;BTO 模式,私人企业先行建设,完工后移交给政府,然后再从政府手中租赁该公共基础设施。然而,此类文献很少将福利性的公用事业和经营性公用事业进行区分,因而基本没有讨论福利性规制定价下的公用事业的特殊性。

第二类文献关注对网络型公用事业的垂直分解和放开竞争环节。周其仁(2001)多次提出拆分电信公司,利用数网竞争实现电信行业的竞争格局。刘戒骄(2004)论证了在不触动网络垄断情况下,将公用事业分离为竞争性业务和垄断网络,开放竞争性业务,容易导致下游产品或服务价格上涨,要解决此问题需要加强监管,同时更加需要在网络环节引入竞争机制。刘戒骄(2007)分析了国内外电信、电力、城市燃气、公共交通、供水、污水和垃圾处理方面的改革发展状况,阐述了通过建立“非网络环节、网络环节和监管环节三维分析框架”评估国内外公用事业改革实践。

第三类文献尝试从理论层面探讨公用事业供给问题。刘小玄和赵农(2007)认为社会效益目标最优化决定了公共部门的边界,并且提出应该允许公立和私立机构同时提供公共产品,前者由政府定价收费,要满足社会效益和公平性,因而基本上是免费或低费的;后者按市场价格收费以满足多样化的需求。刘小玄和赵农(2007)的基本观点和本书所提出的允许私人企业参与竞争(包括异质竞争)的建议类似。

第四类文献偏重对国内公用事业改革的回顾与评价。王俊豪和蒋晓青(2011)指出国内公用事业改革存在的负面效应包含国有资产流失和腐败凸显、固定投资回报与价格过快上涨、公共服务难以保障、政府承诺缺失及政府高价回购。提出需通过完善有关民营化法规政策体系、明确城市公用事业监管机构及职能、加强城市公用事业政府责任等来应对民营化所带来的风险。龚军姣(2013)基于国内首家公交民营企业案例,分析认为政治关联不仅影响着民营企业可否进入公用事业,更对该民营企业的成长具有驱动及约束作用。政府亦可提供宽松的管制及补贴支持,也可带来政府换届、政策变更等政治风险。王俊豪等(2013)通过调查问卷的形式调查了我国城市供水、污水处理、管道燃气和垃圾处理等公用事业领域的民营化程度,设计相应指标体系对民营化绩效进行评估。

案例专栏

案例一：价格上限规制

自撒切尔夫人上台执政后，英国开始对市政公用事业进行民营化改革。邮政、铁路、电信、燃气、电力和自来水等公用事业通过股票上市、直接出售等方式进行了民营化改革。

为了避免民营化之后的公用事业企业凭借规模经济和自然垄断而获得超额利润，英国政府设立了相关的管制机制来规制民营化后的公用事业。例如，在电信民营化改革进程中，英国政府成立了电信管制办公室。其管制的范围包括新电信企业的准入规制、电信资费规制、电信企业间的交易计价等。

价格上限是英国较为常用的价格规制方法，表 2-1 列出了英国电信、燃气、自来水等行业的价格上限规制状况。价格上限规制的主要思路是用被规制行业的“效率因子”修正通货膨胀率来得到价格上限系数：

$$PCI = RPI - X$$

其中，PCI 表示价格上限系数，RPI 表示零售物价上涨指数，X 即被规制行业的“效率因子”。由于通货膨胀率的影响，价格上限通常四到五年就需要进行更新(price reviewing)，规制机构会调整其中的价格指数和“效率因子”。

表 2-1　主要价格上限表

行　业	价格上限公式	包　含　范　围
英国电信	1984/1989　$RPI-3\%$ 1989/1991　$RPI-4.5\%$ 1991/1993　$RPI-6.25\%$ 1993/1997　$RPI-7.5\%$ 1997/2001　$RPI-4.5\%$	租线费用，地区、全国、国际电话业务

续　表

行　业	价格上限公式	包　含　范　围
英国天然气	供给价格上限(Y 为输送天然气的成本): 1987/1992　$RPI-2\%$ 1992/1994　$RPI-5\%$ 1994/1997　$RPI-4\%$ 1997/2000　$RPI-4\%+Y$ 输送价格上限: 1997　$RPI-20\%$ 1997/2002　$RPI-2.5\%$	两种主要价格上限: (1) 供应 (2) 输送及储存
自来水与污水处理(英格兰及威尔士地区)	1990/1995　$RPI-X+Q$ Q: 各企业资本投资之需要。各企业在 1995/2000 之间平均为 $RPI+1.4\%$。	使用水表或不使用水表,一般用户及商业用户价格
地区电力公司(英格兰及威尔士地区)	1990/1995　$RPI-X+Y$ 输电: 1997　$RPI-20\%$ 1998/2002　$RPI-4\%$ 配电: 1995/1996　$RPI-14\%$ 1996/1997　$RPI-11.5\%$ 1997/2000　$RPI-3\%$ 供应: 1995/2000　$RPI-2+Y$ (Y 为通过电力输配线输送的费用)	按不同项目分别进行价格上限管制

资料来源: Parker D,潘伟华. 国营事业私有化后的管制: 英国经验的回顾与检讨[J]. 公营事业评论(台湾),1998,1(1): 35-70.

案例二: 美国邮政局(USPS)维持国有企业制度

在美国公用事业民营化浪潮中,美国邮政事业民营化法案曾两次被提出,但均未获得通过。美国邮政局(USPS)一直保持着国有企业性质。2002 年美国国会认定“民间无法做到全国普遍均一的邮政服务”。此后,邮政民营化在美国再也无人提起。2006 年 12 月制定的美国邮政改革法中,再次确认了 USPS 的国有企业性质。

自 20 世纪 70 年代开始,美国另外两家非国有的快递公司(FedEx 和

UPS)开始不断壮大。USPS承担着美国邮政普遍服务的社会责任,面临日益激烈的市场竞争,USPS的经营业绩并不理想。尽管美国的邮政资费已经连续四年上涨,2005年以前为37美分(国内普通平信),2006～2009年分别上涨到39美分、41美分、42美分和44美分。USPS在2006年度和2007年度还是分别出现51亿美元和28亿美元的赤字。美国联邦议会规定USPS每年借款控制在30亿美元之内。2009年,USPS对美国议会提出了由过去的每周六个投递日削减到每周五个,减轻对退休职工提取健康保险公积金义务的要求。USPS认为如果得不到国会批准的话,就只有两条路可走,或者政府继续投入税金用以填补赤字,或者大幅度提高邮政资费。由此可见,在市场化最为发达的美国,承担"全国普遍均一邮政服务"的国有邮政企业USPS同样需要美国政府的财政补贴才能维持运营。

资料来源:田中景.发达国家公用事业市场化的两难困境——以邮政事业为例[J].国家行政学院学报,2011(1).

第3章　中国公用事业市场化改革评议

由于历史原因，中国目前的公用事业主要由国有企业提供。正因为此，研究中国的公用事业改革就不可避免地要涉及该领域的国有企业。本章将系统回顾中国国有企业改革历程，尝试分别从经营者激励和预算软约束两个角度，对国企改革进行评述；然后概述中国公用事业政府主导式形成过程，对中国公用事业市场化改革历程进行梳理。

3.1　中国国有企业改革评述

3.1.1　国有企业改革历史回顾

中国国有企业改革一般被分为四个阶段[①]：第一阶段从1979年到1984年，国有企业"放权让利"改革阶段；第二阶段从1984年到1992年，国有企业按照两权分离的思路进行改革，具体方式有承包经营、租赁经营和资产经营责任制等；第三阶段从1992年到2001年，国企改革逐步转入市场化的制度创新阶段；第四阶段是从2001年至今，国有企业的市场化步伐进一步加快。

1979年到1984年是中国国有企业改革的起步阶段，这一时期的国有企业改革只是简单的"放权让利"。采取利润分成的方式，国企被

① 高明华.国有企业改革目标：公共性还是盈利性[J].国企，2008(1).

允许在履行完国家规定的供货合同后，按一定比例留用利润，并且在生产和经营管理上有了更多的自主权。“放权让利”的改革方式在计划经济的统购统销上打开了一个缺口。① 此时，理顺政府和企业的关系开始成为国有企业改革的重要内容，1983 年和 1984 年的“利改税”第一次用法律的形式明确了政府和企业的利益分配问题，是实现政企分开的第一次尝试。②

从 1984 年开始，中国政府开始越来越多地关注国有企业改革问题。1984 年 10 月，中共十二届三中全会通过《关于经济体制改革的决定》，中国经济体制改革的重心从农村转移到城市，国有企业改革被明确为国家经济体制改革的中心环节。经营承包责任制、租赁制和股份制相继在国有企业改革中进行了尝试。③ 1986 年 4 月 13 日，第十届全国人民代表大会第一次会议通过的《中华人民共和国全民所有制工业企业法》明确规定：“企业根据政府主管部门的决定，可以采取承包、租赁等经营责任制形式。”1986 年以后经营承包责任制和租赁制在全国迅速推广，国有企业的股份制改革则要晚得多，一直到 1992 年邓小平南巡讲话之后才开始大规模进行。到 1987 年底，大约 80% 的大中型国有企业都采用了承包责任制，到 1989 年底，几乎所有的国有企业都实行了承包制或租赁制等经营责任制。④

无论是承包制还是租赁制都没有改变国有企业的所有制性质，属于企业经营层面上的改革。直到 1992 年 10 月，中共十四大提出国有企业、集体企业和其他各类企业都要进入市场，肯定了国有企业股份制改革，国企改革才开始逐步进入市场化制度创新阶段，即国有企业改革的第三阶段。

在国有企业改革的第三阶段，有三件事特别值得一提：第一件事是

① 史忠良，吴家骏. 国有企业战略性改组研究[M]. 北京：经济管理出版社，1998：5.

② 章迪诚. 中国国有企业改革编年史(1978～2005)[M]. 北京：中国工人出版社，2006：47.

③ 史忠良，吴家骏. 国有企业战略性改组研究[M]. 北京：经济管理出版社，1998：9.

④ Qian Yingyi. The Process of China's Market Transition (1978～1998): The Evolutionary, Historical, and Comparative Perspectives, paper prepared for the Journal of Institutional and Theoretical Economics symposium on "Big-Bang Transformation of Economics Systems as a Challenge to New Institutional Economics", June 9－11, 1999, Wallerfangen/Saar, Germany.

1993 年 11 月中共十四届三中全会通过《中共中央关于建立社会主义市场经济体制若干问题的决定》，提出国有企业要适应市场经济体制的要求，建立“产权清晰，权责明确，政企分开，管理科学”的现代企业制度。第二件事是 1995 年 9 月，中国共产党第十四届中央委员会第五次全体会议上正式宣布了“抓大放小”政策，并将其列入“九五计划”。第三件事是 1999 年 9 月中共十五届四中全会提出了国有企业要实现股权多元化，发展多元投资主体的公司，以实现公司制改革的规范化。

自此，国有企业改制有了政策依据，很快就在全国范围内广泛开展起来，此时部分中小国有企业不可避免地被私有化了。根据 1998 年的一项全国性调查显示，中国 8.7 万家国有工业企业有 1/4 经过了改制，另外 1/4 打算采取某种改制措施，在经过改制的企业当中，有 60%～70%被部分或完全私有化了。① 截止到 2001 年上半年，中国国有企业集团母公司有1 905家按照《公司法》改制，改制面达到 73.7%；中央管理的 94 家国有企业有 38 家进行了改制；地方管理的 420 家国有企业有 385 家进行了改制，到 2001 年底，中小企业改制面达到 81.4%。②

到了国有企业改革的第四阶段，一方面政府积极制定和修改相关法律规范市场，另一方面国企改革的范围进一步拓宽，改制的方式变得多样化，具体包括公开上市、内部重组、破产与重组、职工持股、公开出售、租赁、合资等。③ 2001 年以来，政府先后制定了《上市公司治理准则》和《中华人民共和国证券法》，并且修改了《公司法》、《破产法》，为以上改制方式提供了法律参照和规范。尤为重要的是，2003 年 10 月，中共十六届三中全会提出“大力发展国有资本、集体资本和非公有资本等参股的混合所有制经济，实现投资主体多元化”，会议还强调对垄断行业，“要放宽市场准入，引入竞争机制”，这是政府第一次正式提到了垄断行业国有企业改革问题，因此具有重要意义。

---

① 部若素，宋立刚，姚洋. 中国的国有企业重组[M]//左学金. 中国国有企业改革治理：国际比较的视角. 北京：社会科学文献出版社，2005：101.

② 中国企业联合会，中国企业家协会. 中国企业发展报告[M]. 北京：企业管理出版社，2002：73.

③ 高明华. 国有企业改革目标：公共性还是盈利性[J]. 国企，2008(1).

3.1.2 国企改革历史评论：经营者激励角度

简单的“放权让利”没有实质性改变计划经济体制，没有彻底改变国有企业低效率的运营状态，但是国有企业开始逐渐改变过去僵死的生产和管理状况。并且“放权让利”在原计划经济体制上开了一个口子，极大地刺激了乡镇企业和个体经济的发展，为日后国有企业市场化制度创新改革奠定了经济基础。然而，从经营者激励的角度看国有企业改革的第一阶段的相关政策，我们会发现“放权让利”等政策存在着很大问题。对国有企业经营者来说，干得好有奖、干得差没惩罚，但是如果干得太好又有“惩罚”。因为如果当年干得太好，来年的目标会定得更高从而影响到来年的利润分成，即存在“棘轮效应”。因此，国有企业经营者倾向于选择一个适度的努力程度，这影响国企经营绩效的进一步改善与提高。

相比于第一阶段，国有企业改革的第二阶段实行的承包经营和租赁制度等将企业绩效核定期限拉长了，普遍来看最少为三年。这改变了“放权让利”阶段每年都需要再谈判来确定“利润留成”基数的状况，赋予了国企经营者更大的经营自主权力，使其有了更强的激励去付出更高水平的努力程度，国有企业经营状况又得到了持续改善。1979 到 1986 年，全民所有制预算内工业企业上交利税递增率只有 0.13%，而 1987 年和 1988 年递增率达到了 11.33%。① 然而，无论企业绩效核定期限怎么被拉长，承包制和租赁制都是有时间期限的。这在一定程度上刺激了经营者的短期行为，比如让企业承担较大的市场风险而追求短期利益。再加上当时国有企业普遍缺乏合理有效的公司治理机制，其内部和外部约束机制都极度不健全。经营者的短期行为无法得到有效遏制，很多国有企业的利益受到损害。例如 20 世纪 80 年代因承包石家庄造纸厂并成功扭亏为盈的马胜利，随后跨越全国十几个省市承包了近百家企业，这些企业基本上全部亏损，就连最

① 史忠良，吴家骏. 国有企业战略性改组研究[M]. 北京：经济管理出版社，1998：12.

初的石家庄造纸厂也未能幸免，不得不申请破产。[①]

随着国有企业改革进行到第三、第四阶段，传统意义上的国有企业逐渐转变为国有独资公司、国有控股公司和国有参股公司。市场化改革的直接好处是国企经营者拥有了比以往任何时期都广泛有效的企业经营权，政府作为出资人参与到国有企业的公司治理中，基本上抛弃了简单粗暴的行政干预方式。并且，政府相继出台了各种政策以规范国有企业经营者的薪酬，除了实行年薪制外，股权激励也被纳入国有企业经营者的薪酬结构中。虽然这些在一定程度上加强了对经营者的激励，但是监督不力和法制约束软化也导致了一系列问题，如暗箱操作掏空国有企业等。此外，因预算约束未能硬化，公用事业领域的国有企业的经营者激励程度有限。

3.1.3　国企改革历史评论：预算软约束角度

纵观国有企业改革历史，国企改革有着一定的历史必然性。国企改革的一个重要推力是企业积累的沉重债务。

国有企业从 1953 年诞生到 1979 年市场化改革之前，资金来源主要是政府的财政预算支出，政府的财政预算投资一直占全民所有制基本建设投资的 82%以上[②]，银行只是辅助财政向国企配给资金。这种与计划经济体制相配套的财政主导的资金无偿划拨制度，直接导致了国有企业的“预算软约束”问题，表现为对经营者激励程度低，企业的资金使用效率低，经营绩效差。

在 1981 年和 1983 年，政府先后对国企的固定资产和新增流动资金由财政拨款改为银行贷款，使得新建国有企业和原国有企业的新项目的资金来源全部是贷款。“拨改贷”的初衷是硬化国企的预算约束，激励经营者，然而由于当时国有企业的盈利能力相对较弱，政策实施之后大部分国企负债累累。1978 年国有工业企业的平均资产负债率为 11%，到了 1988 年上

① 章迪诚. 中国国有企业改革编年史(1978～2005)[M]. 北京：中国工人出版社，2006：188－189.

② 周放生. 国企债务重组[M]. 北京：北京大学出版社，2003：139.

升到45%,1994年则达到79%。①

在实施“拨改贷”后,国有银行提供给国企的贷款中很大一部分是政府对银行的财政性注资,这部分信贷主要体现为国有银行对企业的各类政策性贷款。迫于政治因素,国有银行即使自身呆坏账日益严重,仍然要不断地向债台高筑的国有企业注入资金。卡尔和徐立新(Cull and Xu, 2003)分析1980～1994年国有企业样本数据后发现,20世纪90年代之前政府的直接财政拨款用于维持最缺乏盈利能力的国有企业,银行贷款更倾向于盈利能力相对强的企业。但是到了90年代,政府将救助国企的任务转移给了银行,银行贷款和获得贷款的企业的盈利能力之间的联系变弱了。到了1994年,样本数据中的政府直接财政转移已经几乎不存在,救助陷入困境的国有企业的任务被强加在银行身上。周放生(2003)对国企债务重组进行了梳理,研究发现“1994年国有企业流动资金95.6%来自银行贷款;国企的固定资产投资的48.6%来自金融机构,只有4.9%来自政府财政预算拨款,而在1980年预算拨款的比例高达44.5%”。因此,“拨改贷”并没有硬化国有企业的预算约束,只是政府对企业的拨款从国家财政直接负担转变为国有银行负担,在实质上最终还是由国家财政拨款。

政府是国有企业的所有人,就应当是出资人,只有出资才能拥有企业的产权。“拨改贷”的一个关键问题是,政府拥有国企的产权却不直接出资,致使国企几乎全额负债,企业亏损情况严重。例如在1992年底山东省诸城市150家国有企业中有103家处于亏损状态,总亏损达到14 700万元,相当于该市政府18个月多的财政收入。② 并且,“拨改贷”将国企的预算软约束问题扩展到国有银行中。以中国工商银行为例,1998年11月末该行对3万多户国企的流动资金贷款总额为6 749亿元,呆坏账贷款数额就达到1 733亿元,占25.6%,远高于中国人民银行制定的15%的商业银行贷款质量控制警戒线。③

① 周放生.国企债务重组[M].北京:北京大学出版社,2003:140.

② 郜若素,宋立刚,姚洋.中国的国有企业重组[M]//左学金.中国国有企业改革治理:国际比较的视角.北京:社会科学文献出版社,2005:100.

③ 周放生.国企债务重组[M].北京:北京大学出版社,2003:138.

也就是说,“拨改贷”非但没有硬化国企的预算约束和改善政府的财政预算,而且由于国企盈利能力弱债务越积越高,政府财政预算负担反而加重了。这种情况直到 1995 年政府明确停止“拨改贷”政策,才得到改善。但是由于又恢复到以前的财政拨款政策,国企的预算软约束问题仍然严重。

1999 年“债转股”政策出台,进一步明确了政府作为国企出资人的权力和义务。政府允许那些资产质量较好但是因债务负担重而无法正常经营的国有企业剥离不良贷款,具体做法是将不良贷款由银行转入新成立的金融资产管理公司中,从而实现债转股。1999 年,国务院组建具有法人资格的四家国有独资的金融资产管理公司,分别是信达、华融、东方和长城金融资产管理公司。这四家金融资产管理公司由财政部投资,属于非银行金融机构。截至 2001 年 3 月,四家公司从国有商业银行按账面价值购进的不良资产总额达到 13 969 亿元。

金融资产管理公司将不良贷款出售或拍卖,为国企引入了新的投资人,促使这部分国有企业不得不进行改制。此时,国有企业改制的外部环境也日益成熟。1990 年 11 月和 1991 年 4 月相继成立了上海和深圳两家证券交易所,为国有企业股份制改革的进一步发展提供了新的契机,为国有企业融资也就成为中国股市最初发展的一个重要功能。伴随着国有企业的公司制改制,公司股票上市的规模不断扩大,1992～2000 年,上市公司数由 53 家增至 1 088 家,年筹资额由 94.09 亿元增至 2 103.08 亿元,年均增长 47.5%。①

改制后的国有企业有市场化规则约束,预算软约束问题得到了很大改善。与一般国有企业不同的是,公用事业的产品和服务具有准公共物品特性。政府出于社会福利考虑,在大部分公用事业领域设置了福利性规制定价,公用事业领域的国有企业负担着“政策性亏损”,政府无法甩手不管。公用事业领域的国有企业改革的步伐明显慢于一般的经营性国有企业。主要是因为政府无法区分企业的“经营性亏损”和“政策性亏损”,政府补贴无法被硬化,这类企业的预算软约束问题至今没有得到改善。

① 高明华. 国有企业改革目标：公共性还是盈利性[J]. 国企,2008(1).

3.2 中国公用事业的形成及改革

3.2.1 政府主导式形成过程

中国公用事业的形成过程和一般意义上的市场经济国家有所不同。英国19世纪初期,煤气和城市管网供水开始首次生产性应用。英国的市政当局为了发展配送管网和私人运营的厂商签订合同,授予厂商特殊经营权,同时对厂商的经营质量和价格进行控制。[①] 理论上,私人资本提供公共物品必须经过长时间反复谈判。现实中,这个多次谈判过程既费时又费力,且因为公共领域存在难以克服的搭便车和外部性问题,私人资本提供的公共品往往不能达到社会最优。中国的特殊国情已经决定了最初的公共物品由国有企业提供,从而省去了既费时又费力的私人反复谈判过程。新中国成立后,中国公用事业部门的形成与计划经济体系的构建息息相关。中国公用事业最初是以国有企业的形式直接经营,属于政府主导式形成过程。

和其他类型的国有企业一样,改革之前政府高度参与公用事业领域的国有企业的各个方面。政府投资建设企业、选派领导、划拨资金、制定价格,企业的盈亏由政府负责,企业不承担经营风险。为了适应重工业优先发展战略,中国选择了计划经济体制并且压低工资和其他要素的价格。[②] 由于公用事业具有正的外部性和显著的规模经济特性,政府出于福利角度也在公用事业部门相应地采取了低价格、高财政补贴的运营机制,产品或服务价格基本不受供求关系和成本变动的影响。

长期的低价政策使得公用事业领域的国企必须依靠政府的大量财政

---

① 周林军.美国公用事业管制法律制度改革及对我国的启迪[D].西南政法大学经济法专业,2003:29.

② 有关中国计划经济的形成和重工业优先发展的政策之间的关系,可以参见林毅夫《中国的奇迹》一书。

补贴才能正常生产。然而，财政补贴对企业经营者来说几乎没有激励作用。这直接导致了中国公用事业领域的国有企业的服务质量低、运营效率差。另一方面，尽管政府在新中国成立后的一段时间内，集中了大量资金投资建设供水、供气、供热、邮政、固定电话和铁路等公用事业，但是在重工业优先发展的计划经济体制下，这些公用事业的最重要功能还是确保重工业企业的正常生产，居民需求被置于次要地位。因而，中国公用事业很长一段时间内在整体上供给不足。

3.2.2　公用事业改革尝试

随着开始于 20 世纪 70 年代末的经济体制改革，中国经济步入了崭新的历史时期。经济体制改革赋予了中国社会和经济巨大的活力，对公用事业的需求也随着改革的深化而迅速膨胀。因投资不足和偏向重工业而导致的公用事业长期以来供给不足的问题随之凸显出来。为了缓解供需矛盾，政府加大了对公用事业的投资建设力度，公用事业得到了很大发展。随着中国经济体制改革的深入，公用事业部门改革逐渐引起了各界关注。

中国公用事业改革大致经历了三个阶段：第一阶段是 1993～2001 年，先后两次国家行政机构改革，打破了原来由行政机构直接参与管理公用事业的格局，公用事业控制权向企业实体回归。第二阶段是 2001～2010 年，中国政府发布了一系列政策条款鼓励和引导私人资本参与市政公用事业建设。第三阶段是 2010 年到现在，肯定了公用事业控制权的市场化改革方向，开始尝试逐步放松公用事业价格规制。我们可以认为，中国的公用事业领域的国企改革大大落后于一般的经营性国企改革。

第一阶段，两次国家行政机构改革，公用事业控制权回归企业实体

在 1993 年之前，公用事业的管理体制主要以计划经济为主。即使是双轨制改革时期，公用事业出现了几次调价，也都是计划部门制定和具体实施的。1993 年之后，随着第六次国家行政机构改革，原来的“条条”的行业垂直领导就逐渐转变为总公司为主体的联合企业，由外部管理转为内部管理。

随后,建设部顺应1993年中共十四届三中全会所提出的国有企业要建立现代企业制度的要求,于1995年出台了《市政公用企业建立现代企业制度试点指导意见》。电力、石油、铁路、航空等行业纷纷改组为公司制度,逐渐形成了占据市场主导地位的大型企业集团,为目前基础设施的市场结构创造了条件。

1998年第七次机构改革,电力部、煤炭部、邮电部、广电部等15个部委不再保留,原部委的部分职能被下放到企业。建设部得以保留,负责供水、供气、供热、公交地铁等城市部分公用事业的管理和运营。①

由行政主管部门提供资金并直接参与管理公用事业企业,制约了公用事业的发展,公用事业企业运营效率低、服务质量差。1993年和1998年的两次机构改革使得公用事业部门更多地转换为公司实体,一些产业开始引入外资,政府基本上保留了重大项目审批权和定价规制权。1999年之前,我国公用事业的建设资金以政府动员、行政手段筹集为主。随着中央和地方出台了大量相关法律、法规和政策,公用事业的融资渠道在一定程度上被拓宽。例如,深圳市于1996年10月整合原有自来水企业,将其改制为市属的国有大型独资有限责任公司,将水务经营回归到企业实体;又于1998年将政府投资为主改为以企业投资为主,进一步转变原来的政府主导角色。深圳水务公用事业此阶段的改革尝试反映了当时的国家政策对地方公用事业发展的影响。

第二阶段,政府逐步放松准入门槛,地方公用事业改革偏爱"民营化"

自2001年起,中国政府开始试探公用事业市场化改革。如果说中国国有企业改革的一个重要推力是低效率导致的企业积累的沉重债务,那么中国公用事业领域的国有企业改革的一个重要推力就是低效率导致的较高的政府补贴。要激活公用事业行业的市场竞争,就需要改变国有资本的行业垄断地位,引入新的市场供给力量。

2001～2005年颁发了一系列政策法规,公用事业准入门槛被逐步放宽。在这个阶段,电信、电力、天然气等中央管理的公用事业相继实行了政

① 周耀东.中国公用事业管制改革研究[M].上海:上海人民出版社,2005:56-57.

企分离和结构重组，而各地方市政公用事业的市场化改革则主要表现为“民营化”。

2001 年 12 月国家计委出台《关于印发促进和引导民间投资的若干意见的通知》①，“鼓励和引导民间投资以独资、合作、联营、参股、特许经营等方式，参与经营性的基础设施和公益事业项目建设”，提出“尽快建立公共产品的合理价格、税收机制，在政府的宏观调控下，鼓励和引导民间投资参与供水、污水和垃圾处理、道路、桥梁等城市基础设施建设”。此举旨在对民间资本放宽投资领域和拓宽融资渠道，将民间资本引入公用事业部门。2002 年 3 月，国家计委、国家经贸委和外经贸部公布了新的《外商投资产业指导目录》②，开放了原来禁止外商投资的电信和燃气、热力、供排水等城市管网领域。

2002 年 11 月党的十六大报告提出“推进垄断行业改革，积极引入竞争机制”。建设部于 2002 年底也颁发了《关于加快市政公用行业市场化进程的意见》，明确指出“建立市政公用行业特许经营制度”，并且明确提出特许经营的范围包括“城市供水、供气、供热、污水处理、垃圾处理及公共交通等直接关系社会公共利益和涉及有限公共资源配置的行业”。2003 年 10 月十六届三中全会《关于完善社会主义市场经济体制若干问题的决定》③不仅允许非公有资本进入公用事业，而且强调了对自然垄断业务的政府规制，明确指出：“放宽市场准入，允许非公有资本进入法律法规未禁入的基础设施、公用事业及其他行业和领域”，“加快推进和完善垄断行业改革。对垄断行业要放宽市场准入，引入竞争机制”，“加快推进铁道、邮政和城市公用事业等改革，实行政企分开、政资分开、政事分开”，以及“对自然垄断业务要进行有效规制”。

2005 年 4 月国务院印发了《关于鼓励支持和引导个体私营等非公有

---

① 国家计委关于印发促进和引导民间投资的若干意见的通知[EB/OL]. 中央人民政府网. http://www.gov.cn/gongbao/content/2002/content_61718.htm.

② 国家计委、国家经贸委和外经贸部公布新的《外商投资产业指导目录》[EB/OL]. 人民网，2002-03-12. http://www.people.com.cn/GB/shizheng/3586/20020312/685675.html.

③ 中共中央关于完善社会主义市场经济体制若干问题的决定[EB/OL]. 中央人民政府网. http://www.gov.cn/gongbao/content/2003/content_62494.htm.

制经济发展的若干意见》①,指出在“放宽非公有制经济市场准入”中“允许非公有资本进入垄断行业和领域”,具体指“在电力、电信、铁路、民航、石油等行业和领域进一步引入市场竞争机制,对其中的自然垄断业务,积极推行投资主体多元化,非公有资本可以参股等方式介入;对其他业务,非公有资本可以独资、合资、合作、项目融资等方式进入”,并且“允许非公有资本进入公用事业和基础设施领域”,具体指“加快完善政府特许经营制度,规范招投标行为,支持非公有资本积极参与城镇供水、供气、供热、公共交通、污水处理等市政公用事业和基础设施的投资、建设和运营;在规范转让行为的前提下,具备条件的公用事业和基础设施项目,可向非公有制企业转让产权和经营权;鼓励非公有制企业参与市政公用企业、事业单位的产权制度和经营方式改革”。

在上述法规和政策的引导和推动下,中国公用事业部门进行了一系列改革。公用事业传统经营方式开始发生变化,初步形成了中央和地方两级管理、两级经营,专业管理和综合管理相结合的体制。公用事业基层单位的改革全面展开。并且,中央与地方的公用事业改革呈现出两种完全不同的景象。

中央所属的部分公用事业领域的国有企业行业内部开始进行纵向结构重组,即竞争性业务和垄断的基础网络业务分离。电信、电力、天然气等中央管理的公用事业相继实行了政企分离和企业结构重组。电力行业2002年底重组为两大电网公司、五大发电集团和四大辅业集团,电信行业更是经过了几番重组,才形成了现在的市场格局。电信、电力的非网络环节基本形成了竞争性市场结构。②

市、县等地方所属的公用事业领域的国有企业则大多采用特许经营权制度、项目拍卖、股份制改造、发放企业债券等方式引入非国有资本,推行公用事业民营化改革。③ 上海、北京、深圳、南京、常州、合肥和哈尔滨等城

---

① 国务院关于鼓励支持和引导个体私营等非公有制经济发展的若干意见[EB/OL]. 中央人民政府网,2005-02-19. http://www.gov.cn/gongbao/content/2005/content_63162.htm.

② 王俊豪. 中国自然垄断产业民营化改革与政府管制政策[M]. 北京:经济管理出版社,2004.

③ 王俊豪,等. 中国城市公用事业民营化绩效评价与管制政策研究[M]. 北京:中国社会科学出版社,2013.

市的自来水厂、污水处理厂先后通过 BOT、TOT 等特许经营方式引入私人资本。2002 年 8 月,深圳打破了市政公用设施的政府垄断,将能源集团、水务集团、燃气集团、公共交通集团等五大国企以国际招标方式转让部分股权,转让比例在 25%～70%。2002 年 7 月,成都市政公用局将 6 条公共汽车线路的特许经营权进行拍卖,创国内公共汽车线路有偿转让的首例。2003 年 6 月,连接宁波与嘉兴、全长 36 公里,总投资 118 亿元的杭州湾跨海大桥正式动工,其中 50.25%的投资额由 17 家民营企业组建的 5 家投资公司承担,这一工程把浙江省利用民间资本建设重大公共基础设施工程推向一个新的高峰。①

王俊豪等(2013)对全国 430 个城市的 937 个水务企业进行了问卷调查(见表 3-1)。调查结果显示由民间资本支持的民营水务企业有 182 家,占 19.59%,外资企业和港澳台资企业分别有 38 家和 26 家,分别占 4.09%和 2.80%。也就是说,私人资本占比达到 26.48%。从平均资产指标来看,外资水务企业和港澳台资水务企业的平均规模要远远大于民间资本的民营水务企业。

表 3-1　国内城市水务民营化程度

类　型	国有及国有控股	事业单位	民营企业	外资	港澳台资	其他
数　量	513 个	102 个	182 个	38 个	26 个	68 个
占　比	55.22%	10.98%	19.59%	4.09%	2.80%	7.32%
平均资产(万元)	10 552	1 229	1 214	6 892	6 481	3 389

需要特别指出的是,尽管各地方政府对供水供电、燃气和公共交通等公用事业通过特许经营权、股份制改造等各种手段放松了公用事业领域的准入规制,推行了公用事业市场化改革,但是在此阶段,政府对公用事业产品或服务价格没有丝毫放松,即使是市场竞争较为充分的公用事业领域,政府仍然严格控制着价格。2002 年政府就曾经针对当时电信市场话费打

① 吴文洁.我国公用事业民营化与政府规制改革[J].中国管理信息化(综合版),2006(1).

折现象出台“限折令”。2005 年 9 月,建设部发布了《关于加强市政公用事业监管的意见》,强调“市政公用事业是为居民生活提供必需的普遍服务的行业”,必须加强监管。

第三阶段,持续放松准入规制,尝试放松公用事业价格规制

以“民营化”为主的中国公用事业市场化改革并非一帆风顺,出现了很多问题。原来走在改革前列的部分城市开始纷纷收缩,具体表现有将原来已经出售的公交、污水处理等公用事业企业,通过回购、不续约,甚至作废原合同的方式再次回归为国有企业。例如,2008 年沈阳市政府牵头成立国有独资的沈阳水务集团有限公司,将原来的自来水上市公司、已回购的 BOT 项目、污水处理全部收回旗下。2010 年初,深圳市将原来出让给私人资本经营的公交线路在协议期满后全部收回,由国有企业运营。

面对部分地区近十年公用事业市场化改革的搁浅状态,以及各方面对公用事业市场化改革的质疑,第三阶段,中国政府肯定了市场化改革的大方向,持续放松公用事业领域的准入规制。国务院于 2010 年 5 月发布了《关于鼓励和引导民间投资健康发展的若干意见》(简称“新三十六条”),基本肯定和持续了 2001～2005 年的相关政策。“新三十六条”提出“鼓励和引导民间资本进入基础产业、基础设施和市政公用事业等领域”①,“鼓励民间资本参与交通运输建设、水利工程建设、电力建设、石油天然气建设和电信建设”,“支持民间资本进入城市供水、供气、供热、污水和垃圾处理、公共交通、城市园林绿化等领域”,并且“鼓励民间资本积极参与市政公用企事业的改组改制,具备条件的市政公用事业项目可以采取市场化经营方式,向民间资本转让产权或经营权”。

第三阶段的公用事业改革更为重要的进展是开始尝试性放开公用事业的价格规制。2013 年 11 月,中共第十八届中央委员会第三次会议通过了《中共中央关于全面深化改革若干重大问题的决定》(以下简称《决定》),

---

① 国务院关于鼓励和引导民间投资健康发展的若干意见[EB/OL]. 中国网,2010 - 05 - 13. http://www.china.com.cn/finance/txt/2010-05/13/content_20034376.htm.

强调"完善主要由市场决定价格的机制"①,具体来说就是"凡是能由市场形成价格的都交给市场,政府不进行不当干预"。该《决定》针对公用事业领域,提出政府将"推进水、石油、天然气、电力、交通、电信等领域价格改革,放开竞争性环节价格"。与此同时,"政府定价范围主要限定在重要公用事业、公益性服务、网络型自然垄断环节"。政府价格规制将"提高透明度,接受社会监督"。

OECD(2007)在对其成员国公用事业改革的回顾和总结中,指出公用事业(或部分基础设施)政府价格规制在传统上是出于担心因过度垄断导致价格偏高,以及希望利用价格规制满足社会各方面需求的目标。根据 OECD 各成员国的经验,价格规制在技术上要求过于苛刻。正因为此,部分成员国放松了公用事业(或部分基础设施)的准入规制之后,也放松了高强度的价格规制,将政府监管的重点放在规范市场竞争秩序。

在历经十年的改革之后,中国公用事业市场化改革开始触及放松价格规制层面,这与 OECD 各成员国的改革经验相符。2013 年的中央《决定》显示了巨大进步。将市场化竞争程度较高的公用事业定价环节交由市场决定,政府专注那些市场定价失灵的公用事业领域。《决定》显示今后政府在公用事业领域的定价范围将"主要限定在重要公用事业、公益性服务、网络型自然垄断环节"。其中所特别指明的"公益性服务"就是本书在随后几章重点分析的"福利性规制定价"下的公用事业。

3.3 本章小结

从国际经验来看,英国、法国等国家的国有企业私有化运动最早开始于竞争领域,随后逐渐扩展到公用事业领域。

---

① 中共中央关于全面深化改革若干重大问题的决定[EB/OL].国资委网,2013-11-19.http://www.sasac.gov.cn/n1180/n15066072/n15580525/n15580582/15583912.html.

英国最初出售的是已经按照市场经济模式进行商业运作的国有企业，如英国石油公司、英国航空公司；接下来出售的是具有自然垄断性质的公用事业部门，如英国电信、英国天然气公司以及自来水公司等；最后自1995年开始出售那些必须依靠政府补贴才能够维持经营的公用事业领域的国有企业，包括公共运输系统和邮政系统，当然，这类企业私有化后政府仍然进行财政补贴。①

1986年，法国开始了自第二次世界大战以来的首次大规模私有化运动，此轮私有化改革基本未涉及公用事业领域。截至2004年，法国中央政府仍然直接控制97家企业，主要集中在运输、电信、铁路、邮政等领域，其中就包括法国电信公司、电力和煤气类公用事业公司、法国国营铁路公司和法国巴黎公交运输局。② 2005年左右，法国启动了针对公用事业领域的新一轮私有化改革。2005年3月宣布对法国电力公司(EDF)实行部分私有化改革尝试。③ 2005年6月宣布法国国内各高速公路网将在当年内实现私有化。

中国以“国退民进”为特点的国有企业市场化改革历程，也同样是从竞争领域开始逐渐过渡到公用事业领域。经营领域的国有企业经历了从“放权让利”、“两权分离”到股份制改革、“抓大放小”。公用事业领域的国有企业则经历了“去行政化”、放松准入规制和放松价格规制等阶段。

经营领域的国有企业在改制之后必须面临市场化规则约束，其预算软约束问题得到了改善。但是，对于那些仍然处于福利性规制定价下的公用事业国有企业来说，由于政府无法区别“经营性亏损”和“政策性亏损”，政府补贴无法被硬化。中国部分地方政府为了硬化预算约束、缩减政府补贴，通过特许经营权制度、上市融资、拍卖产权等方式推行公用事业领域国有企业的市场化改革。然而，国际经验显示只要企业需要面对福利性规制

① 英国、德国、捷克的国有资产出售运作方式及其对中国国有企业改革的启示[R]. 国务院发展研究中心调查研究报告第62号(总1697号)，2002.

② 查尔斯·皮考特. 公营企业的管理：法国经验[M]//左学金，程杭生. 中国国有企业改革治理：国际比较的视角. 北京：社会科学文献出版社，2005：16－18.

③ 参见英国《国际核工程》2005年3月刊的相关报道。法国大型能源企业将部分私有化[J]. 伍浩松，译. 国外核新闻，2005(5).

定价,政府补贴就不可避免。本章的案例专栏中介绍了北京市公交系统的市场化改革历程,这可以被看作是中国部分公用事业改革的一个缩影。2013 年中央首次提出要放松市场化竞争程度较高的公用事业定价权,是一个很大的进步。

案例专栏

北京市公共交通市场化改革

在改革开放后的很长时间内，北京市公交系统作为社会福利的一部分，每年获得大量的政府财政补贴，市民以月票等形式享受着低票价。1995 年北京市公交系统开始尝试市场化改革。

1. 北京巴士上市融资，公交系统尝试市场化改革

1995 年，北京市政府提出以后每年市财政将对公交公司的补贴递减 2 000 万。1998 年，北京市公交公司进行了大规模重组。1999 年成立了北京巴士股份公司(以下简称北京巴士)，北京巴士成立之初，由北京公交总公司控股 99%。2001 年 1 月，北京巴士在上海证券交易所成功上市，共募集到 7.73 亿元资金。在随后的一年中，其股价最高达到了 21 元，可谓辉煌一时。

在北京公交市场化的改革中，月票制度作为社会福利被保留下来。1996 年学生月票和职工月票分别为 10 元和 25 元。2000 年进行了调整，学生月票和职工月票分别上涨到 20 元和 45 元。虽然月票价格经历了数次上调，但其仍然成为北京市公交公司亏损的重要原因之一。据公交部门统计，2003 年每张月票的实际成本已达到 103.41 元，仅月票一项，公交公司全年亏损额就达 11.02 亿元。在此压力下，2005 年将月票使用次数限制为每月最高 140 次，然而据调查，成人月票平均刷卡次数为每月 86 次，远低于 140 次的最高限制。

面对不断缩减的财政补贴和福利性规制定价，上市之后的北京巴士开始想方设法缩减成本、提高收益。出现了“利润高的线路争着跑，利润不高或比较偏远的线路无人问津”等状况，边远郊区的交通状况迟迟得不到改善。即便如此，北京巴士仍然不可避免的出现亏损。2005 年北京巴士亏损 1.3 亿元，2006 年 9 月末，其亏损扩大至 3.5 亿元，公司股价也一路下滑至 2 元多,股票面临着被特别处理的危险。

与此同时,北京市交通拥堵压力也日益彰显,居民公交出行比率不高。据 2005 年北京市民出行调查显示,公共交通在市民出行方式中的比重只占到 30%,而在某些发达国家的重要城市,这一比重高达 50%～60%。

2. 北京市区公交系统重回国有控股,政府加大财政补贴

为了缓解首都交通拥堵状况,北京市政府决定大规模发展城市公交。2006 年,在国资委的主导下,北京市政府开始对交通资源进行整合,北京巴士正式退出城市客运,仅保留了在郊区的客运业务。

为了突出北京市公交的公益性,政府加大了对公共交通的补贴力度,公交系统维持低票价。2007 年初取消月票制度,开始实施更为便捷的刷卡优惠制度。公交车票价 1 元起步(9 字头空调车除外),乘坐市区 447 条公交线路,市民刷公交 IC 卡可享受四折优惠,学生则为二折。低保对象在购买交通 IC 卡时可以享受每月 10 元的补助,持老人证的老人可以免费乘坐。地铁统一票价为 2 元,不采用上海等地的分段定价。

低票价吸引更多市民利用公交系统出行,在一定程度上缓解了首都的"首堵"问题。为了支持低票价,北京市政府每年在公交系统投入了大量的财政补贴。2008 年北京的公共交通补贴中,光地面公交就拨付了 91.5 亿元资金,2009 年这一补贴达到了 104.2 亿元,2010 年约为 90 亿元,2011 年增加至 110 亿元,2012 年达到了 138.2 亿元。

3. 为缓解日益增加的财政补贴压力,北京市公交地铁全面提价

每年为公交系统提供大量的财政补贴无疑会带来很大的财政压力。2014 年初,北京市政府开始探讨提高公交地铁票价。2014 年 11 月 27 日,北京市发改委宣布,北京市公共交通价格进行全面调整,且新价格方案将于当年 12 月 28 日起实施(具体方案如下表所示)。据北京市发展和改革委员会收费管理处处长李虹介绍,在全面调价后,票价只覆盖了成本的 50%左右,公共财政仍然需要以补贴的形式承担另外 50%左右的成本。

表 3-2　2014 年北京市公交地铁最新票价政策

	票　　价	优　惠　措　施
公交	10 公里内 2 元； 10 公里外，每增加 1 元可乘坐 5 公里。	市域内路段一卡通普通卡 5 折，学生卡 2.5 折优惠
地铁	6 公里内 3 元； 6～12 公里 4 元； 12～22 公里 5 元； 22～32 公里 6 元； 32 公里外，每增加 1 元可乘坐 20 公里。	持一卡通，每自然月内每张卡支出累计满 100 元以后的乘次，票价 8 折优惠；满 150 元以后的乘次，票价 5 折优惠；支出累计达到 400 元以后的乘次，不再享受打折优惠。

此案例由以下 12 篇文章整理而成，参考资料如下：

1. 黄小伟. 十年轮回　重归公益——北京公交真的姓“公”了[N/OL]. 南方周末，2007-10-18. http://www.infzm.com/content/trs/raw/28111.

2. 钱昊平. 北京告别公交月票福利时代　取消月票一波三折[EB/OL]. 搜狐新闻，2007-01-01. http://news.sohu.com/20070101/n247384157.shtml.

3. 郑树森. 北京公交票制票价的改革[J]. 城市车辆，2007(4)：21-24.

4. 由北京公交补贴，看我国各地市府惠民决心[EB/OL]. 发展论坛，2009-10-17. http://forum.home.news.cn/detail/71036360/1.html.

5. 北京公交新政惠及市民　政府加大补贴凸现公益性[EB/OL]. 中国新闻网，2007-01-09. http://www.chinanews.com/gn/news/2007/01-09/851057.shtml.

6. 北京今年对公交地铁补贴 128 亿元[EB/OL]. 凤凰网财经，2010-07-22. http://finance.ifeng.com/news/special/cxcmzk/20100722/2434482.shtml.

7. 去年北京公交地铁财政补贴 170 亿　票价明年或上涨[EB/OL]. 大众网，2013-07-15. http://news.takungpao.com/society/topnews/2013-07/1760165.html.

8. 北京去年投入 138 亿补贴公交　37 亿补贴地铁[EB/OL]. 网易财经，2013-01-23. http://money.163.com/13/0123/02/8LSCMQ0300253B0H.html.

9. 今年北京公共交通补贴将超 180 亿元[EB/OL]. 中国新闻网，2013-12-18. http://www.bj.chinanews.com/news/2013/1218/36292.html.

10. 张立超. 北京公交价格调整了多少次[J/OL]. 中国商报，2013-12-13. http://www.cb-h.com/zgsb/html/2013-12/13/content_63316.htm.

11. 北京市发展和改革委员会北京市交通委员会北京市财政局关于调整本市公共

交通价格的通知,京发改[2014]2526 号[EB/OL]. 北京市发改委网站,2014－11－27. http://www.bjpc.gov.cn/tztg/201411/t8508450.htm.

12. 北京发改委:地铁调价后公共财政仍需补贴一半[EB/OL]. 人民网,2014－10－28. 新浪财经转载,http://finance.sina.com.cn/china/20141028/152320664467.shtml.

第4章　公用事业预算软约束与政府补贴：模型分析

各国政府在对公用事业进行政府规制时，不可避免地面临着如何在确保公用事业产出（数量和质量）的同时，硬化公用事业企业预算约束的难题。分析公用事业预算软约束的产生机制、探讨硬化预算约束的可能措施，是研究公用事业企业管理层激励的重要议题，也是研究公用事业市场化改革的一个重要课题。本章遵从规范的经济学研究范式，基于数理模型分析在福利性规制定价条件下政府和公用事业企业之间的策略行为，揭示公用事业预算软约束的产生机制。为了较好地对比公用事业领域的国有企业的经营者行为和私有企业的经营者行为，本章假设公用事业企业是国有企业性质，本书第5章将主要关注民营化之后的公用事业企业。

4.1　模型基础的简单介绍

本书第1章的文献综述部分介绍了静态的新规制经济学模型，并提到了可以沿着动态的方向发展。本章在两期动态规制模型的基础上通过引进不完全契约，研究公用事业预算软约束问题产生机制和政府的规制问题。本章的两期动态模型是在拉丰和梯若尔（Laffont and Tirole, 1988）研究基础上修改而成的。

拉丰和梯若尔（Laffont and Tirole, 1988）的结论是：当规制机构的承诺可信时，两期的动态规制问题就可以简化成一期的静态规制问题，最优规制方案可以实现分离均衡(separating equilibrium)①，即让企业汇报真实类型。然而，当规制机构的承诺不可信时，显示原理不再适用，此时的最优规制方案只能实现混同均衡(pooling equilibrium)。本章的模型在拉丰和梯若尔(Laffont and Tirole, 1988)研究的基础上增加考虑了政府对亏损公用事业企业的补贴问题。当补贴可以在事前写进契约并且在事后能够得到严格执行的时候，我们得出了与拉丰和梯若尔(Laffont and Tirole, 1988)研究中承诺可信时相一致的结论，即两期动态规制问题可以简化成一期的静态规制问题。本章的模型还进一步研究了政府对亏损公用事业的补贴无法在事前写进契约时企业的预算软约束问题。

本章的数学模型与拉丰和梯若尔(Laffont and Tirole, 1988)研究模型的主要区别有：(1) 拉丰和梯若尔(Laffont and Tirole, 1988)假设消费者对公共服务的效用是常数。本章的模型假设消费者剩余和公共服务的数量有关，从而可以分析政府对公用事业的福利性规制定价问题。(2) 拉丰和梯若尔(Laffont and Tirole, 1988)不关注政府补贴，因而没有考虑在第二期开始时政府对亏损企业的补贴问题。本章的模型增加了政府补贴变量，分析了信息不对称且契约完全时企业的亏损现象，在此基础上又探讨了信息不对称且契约不完全时企业的预算软约束问题。(3) 本章的模型与巴郎和贝桑科(Baron and Bersanko, 1984)、拉丰和梯若尔(Laffont and Tirole, 1988)的研究模型最大不同是，我们注意到在不完全契约下显示原理不再适用时，企业和政府之间就补贴问题进行的重新谈判中，部分亏损企业存在为获得更多补贴以各种理由"要挟"政府的行为，这直接恶化了公用事业企业预算软约束问题。

4.2 模型设定

假设只存在一个规制机构和一个被规制的公用事业企业。公用事业

① 巴郎和贝桑科(Baron and Bersanko, 1984)最早得出了这个结论，拉丰和梯若尔(Laffont and Tirole, 1988)引用了巴郎和贝桑科(Baron and Bersanko, 1984)的结论。

企业的经营分两个时期，有三个时点，$t = 0, 1, 2$。假定企业的类型 θ_t 被自然(nature)所决定，且只有企业自己知道具体的类型。规制机构不清楚企业的具体类型 θ_t，但是知道企业类型 θ_t 的分布区间 $[\underline{\theta}_t, \bar{\theta}_t]$、分布函数 $F_t(\theta_t)$ 和相应的密度函数 $f_t(\theta_t)$。假设企业类型在第一期和第二期不发生改变，即 $\theta_1 \equiv \theta_2$，并且假设 $\frac{\partial[F_t(\theta_t)/f_t(\theta_t)]}{\partial \theta_t} \geqslant 0$。①

在时点 $t = 1, 2$，假设公用事业企业的(可变)成本函数为 $c_t = (\theta_t - e_t)q_t$。其中，$q_t$ 是企业的产量(即所提供的公共产品或服务的数量或质量)。e_t 是企业经营者的努力水平，假设 e_t 既不可观察、也不可证实。公用事业企业经营者的效用函数为 $v_t = w_t - \psi(e_t)$。对于公用事业领域的国有企业来说，其中 w_t 为规制机构付给企业经营者的工资，$\psi(e_t)$ 为企业经营者付出努力的负效用。函数 $\psi(e_t)$ 满足：$\psi'(e_t) > 0$，$\psi''(e_t) > 0$，$\psi'''(e_t) \geqslant 0$。②本书在第 5 章公用事业民营化分析中，假设规制机构无需对民营化以后的经营者支付工资。

在时点 $t = 1, 2$，规制机构制定公共服务的价格 p_t，所对应的公共服务的需求函数为 $q_t = Q_t(p_t)$。对于公用事业领域的国有企业，我们可以假设规制机构获得公用事业国有企业的收益($p_t q_t$)同时也承担企业的成本($c_t + k_{t-1} + w_t$)，则规制机构获得企业的利润 π_t，$\pi_t = p_t q_t - [(\theta_t - e_t)q_t + k_{t-1} + w_t]$。

在时点 $t = 0$，规制机构为企业提供固定投资(或称启动资金) k_0，k_0 是一个外生给定的常数。③ 在时点 $t = 1$，π_1 已经实现，只有当 $\pi_1 \geqslant 0$，企业才可能在没有外部补贴(再融资)的情形下继续经营；当 $\pi_1 < 0$，规制机构对企业进行再投资(或称补贴) k_1，使 $\pi_1 + k_1 \geqslant 0$ ④，否则该公用事业企

① 即假设 $F_t(\theta_t)/f_t(\theta_t)$ 是被规制公用事业国有企业类型 θ_t 的非减函数，这意味着静态的最优规制方案中规制机构能够彻底区分被规制企业的类型，也就是说静态的最优规制可以实现分离均衡。

② 根据拉丰和梯若尔(Laffont and Tirole, 1986)的研究，我们知道 $\psi'''(e_t) \geqslant 0$ 排除了规制机构采用随机规制方案的可能。

③ 我们假设公用事业国有企业需要非常大的固定投资 k_0。

④ 假设公用事业国有企业的利润 π_1 直接被规制机构所有，因而 π_1 可观察，补贴 k_1 只需满足 $\pi_1 + k_1 = 0$。公用事业国有企业私有化改革后，π_1 将被私有企业所有，就无法保证 $\pi_1 + k_1 = 0$ 一定成立。本书第 5 章将对私有化改革进行讨论。

业只能破产。

规制机构对公用事业企业可供采用的规制手段有：在时点 $t = 1, 2$，决定是否对公用事业企业进行融资或再融资 k_{t-1}，设定公共产品或服务的价格 p_t 及相对应的公共产品或服务的数量 $q_t = Q_t(p_t)$，付给公用事业国有企业经营者的工资 w_t。

规制机构和公用事业国有企业经营者的行为按时间先后顺序刻画如下：

(1) 在时点 $t = 0$，自然决定公用事业国有企业在时点 $t = 1$ 的类型(边际成本) θ_1，规制机构决定是否投资 k_0。

(2) 在时点 $t = 1$，规制机构承诺一份两期的规制方案 $\{k_{t-1}, p_t, q_t, w_t\}_{t=1,2}$；公用事业国有企业经营者向规制机构报告自己的类型(边际成本) $\hat{\theta}_1$ 并选择努力水平 e_1；企业在时点 $t = 1$ 的利润 π_1 已经实现。基于 π_1 的大小，规制机构决定是否对亏损的公用事业国有企业提供补贴 k_1，$k_1 = -\min\{\pi_1, 0\}$，以决定是否让亏损的公用事业国有企业继续经营。

(3) 当公用事业国有企业继续经营时，在时点 $t = 2$，自然决定公用事业国有企业在时点 $t = 2$ 的类型(边际成本) θ_2；给定规制方案 $\{k_1, p_2, q_2, w_2\}$，企业经营者向规制机构报告自己的 $\hat{\theta}_2$ 并选择自己的努力水平 e_2。

在时点 $t = 1, 2$，消费者剩余是 $V_t(q_t) - p_t q_t = \int_0^{q_t} P_t(x)dx - p_t q_t$，其中 $p_t = P_t(q_t)$ 是逆需求函数。需求函数 $q_t = Q_t(p_t)$ 是公共信息。假设规制机构既关心消费者剩余 $V_t(q_t) - p_t q_t$，也在乎公用事业国有企业的利润 π_t。因而，我们假设规制机构的目标函数是消费者剩余和企业利润的加权平均。

在时点 $t = 1$，如果公用事业国有企业亏损，且规制机构不提供补贴或再融资 k_1，那么，规制机构的目标函数为①：

① 当公用事业国有企业只经营一期，在时点 $t = 1$，规制机构的目标函数就是社会福利函数 W_1。

$$W_1=\int_{\underline{\theta}_1}^{\bar{\theta}_1}[V_1(q_1(\theta_1))-p_1(\theta_1)q_1(\theta_1)]d\theta_1$$
$$+\alpha\int_{\underline{\theta}_1}^{\bar{\theta}_1}[p_1(\theta_1)q_1(\theta_1)-((\theta_1-e_1(\theta_1))q_1(\theta_1)+k_0+w_1(\theta_1))]d\theta_1 \quad (4-1)$$

其中 $\alpha\in[0,1]$ 是公用事业国有企业利润被赋予的权重。$\alpha=0$ 表示规制机构完全不关心企业利润；$\alpha=1$ 表示规制机构对企业利润和消费者剩余赋予相同的权重。

如果公用事业国有企业在时点 $t=1$ 可以继续经营下去①，那么，规制机构在时点 $t=1$ 的目标函数变为

$$W'_1=W_1+\rho W_2 \quad (4-2)$$

其中 ρ 为时间贴现因子，W_2 为规制机构在时点 $t=2$ 的社会福利函数，满足：

$$W_2=\int_{\underline{\theta}_1}^{\bar{\theta}_1}\left\{\int_{\underline{\theta}_2}^{\bar{\theta}_2}[V_2(q_2(\theta_1,\theta_2))-p_2(\theta_1,\theta_2)q_2(\theta_1,\theta_2)]f_2(\theta_2)d\theta_2\right\}f_1(\theta_1)d\theta_1$$
$$+\alpha\int_{\underline{\theta}_1}^{\bar{\theta}_1}\int_{\underline{\theta}_2}^{\bar{\theta}_2}\left\{\begin{matrix}p_2(\theta_1,\theta_2)q_2(\theta_1,\theta_2)-\\ [(\theta_2-e_2(\theta_1,\theta_2))q_2(\theta_1,\theta_2)+k_1+w_2(\theta_1,\theta_2)]\end{matrix}\right\}$$
$$f_2(\theta_2)d\theta_2 f_1(\theta_1)d\theta_1 \quad (4-3)$$

4.3 基准情形：信息完全对称

首先，我们需要研究规制机构和公用事业国有企业之间信息完全对称的情形，即规制机构能够观察到企业的类型 θ_t 和经营者的努力水平 e_t，不存在逆向选择和道德危机问题。此时，规制问题是一个静态的优化问题，规制机构无需考虑企业经营者的跨期参与约束和跨期个人激励相容约束问题。因此，最优规制方案应该满足：

① 如前所注，由于时点 $t=1$ 的利润可观察，k_1 只需满足 $\pi_1+k_1=0$。

$$W_t = \max_{e_t,\ w_t,\ p_t} V_t(q_t) - p_t q_t + \alpha[p_t q_t - ((\theta_t - e_t)q_t + k_{t-1} + w_t)]$$

$$\text{st} \quad v_t = w_t - \psi(e_t) \geqslant \bar{v}$$

其中 $t = 1, 2$, $\bar{v}$ 是企业经营者的保留效用。不失一般性,我们假设 $\bar{v} = 0$。

上述最优化问题的必要条件是

$$w_t^* = \psi(e_t^*) \text{ 及 } \psi'(e_t^*) = q_t \tag{4-4}$$

将(4-4)式中的解代入企业的利润函数 $\pi_t = p_t q_t - ((\theta_t - e_t)q_t + k_{t-1} + w_t)$, $t = 1, 2$, 得到 $\pi_t^* = p_t q_t - ((\theta_t - e_t^*)q_t + k_{t-1} + \psi(e_t^*))$。从而,规制机构在时点 $t = 1, 2$ 的社会福利函数为 $W_t = V_t(q_t) - p_t q_t + \alpha\pi_t^*$。根据包络定理(the envelope theorem),在时点 $t = 1, 2$ 的最优规制价格 p_t^* 应该满足:

$$\frac{\partial W_t}{\partial p_t} = V'_t(q_t)\frac{\partial q_t}{\partial p_t} + (\alpha - 1)\left[q_t + p_t \frac{\partial q_t}{\partial p_t}\right] - \alpha\left[(\theta_t - e_t)\frac{\partial q_t}{\partial p_t}\right] \tag{4-5}$$

将满足(4-5)式的最优规制价格记为 p_t^*, 对应的最优规制数量 $q_t^* = Q(p_t^*)$, $t = 1, 2$。

当规制机构对公用事业国有企业的利润分别赋予权重 1 和 0 时,即 $\alpha = 1$ 和 $\alpha = 0$, 由(4-5)式分别推出(4-6)式和(4-7)式:

$$p_t^* = \frac{\partial \int_0^{q_t} P_t(x)dx}{\partial q_t} = V'_t(q_t^*) = \theta_t - e_t^* \tag{4-6}$$

$$\frac{\partial W_t}{\partial p_t} = -q_t^* < 0 \tag{4-7}$$

(4-6)式意味当规制机构对公用事业国有企业的利润和对消费者剩余赋予相同权重时,公用服务最优定价 p_t^* 应该等于被规制的公用事业国有企业的边际成本 $\theta_t - e_t^*$。(4-7)式意味着当规制机构只关心消费者剩余,对公用事业国有企业利润赋予权重 0 时,公用服务最优定价 p_t^* 应该等于0;也就是说如果规制机构完全不在乎被规制公用事业国有企业的利润,则要求免费提供公用产品或服务。

当规制机构对企业利润赋予的权重介于0和1之间时,即$\alpha \in (0, 1)$,(4-5)式说明最优规制价格p_t^*既不等于边际成本$\theta_t - e_t^*$,也不等于0,而是一个与边际成本$\theta_t - e_t^*$和权重α有关的函数。因此,我们将最优规制价格和规制数量记为$p_t^*(\theta_t - e_t^*)$和$q_t^*(\theta_t - e_t^*)$①,代入企业利润函数$\pi_t^* = p_t q_t - [(\theta_t - e_t^*) q_t + k_{t-1} + \psi(e_t^*)]$,可以求出在信息对称情形下,公用事业国有企业在时点$t = 1, 2$所能获得的最大利润$\pi_t^*(\theta_t - e_t^*)$:

$$\pi_t^*(\theta_t - e_t^*) = p_t^*(\theta_t - e_t^*) q_t^*(\theta_t - e_t^*) - ((\theta_t - e_t^*) q_t^*(\theta_t - e_t^*) + k_{t-1} + \psi(e_t^*)) \quad (4-8)$$

根据包络定理,我们知道$\partial \pi_t^*(\theta_t)/\partial \theta_t = -q_t^*$,即$\pi_t^*(\theta_t - e_t^*)$是企业类型$\theta_t$的减函数。企业类型$\theta_t$越大(即边际成本越大),企业的利润$\pi_t^*(\theta_t - e_t^*)$越小。此外,(4-8)式进一步意味着在信息对称情形下,公用事业企业所能获得的利润还和消费者的需求函数$q_t = Q_t(p_t)$、经营者的努力成本函数$\psi(\cdot)$以及初始固定投资k_0有关,记为$\pi_t^*[(\theta_t - e_t^*), Q_t(p_t), k_{t-1}, \psi(\cdot)]$。

为了理解信息不对称在企业亏损和预算软约束中所扮演的重要角色,我们假设在信息对称情形下,政府采取了福利性规制定价,公用事业国有企业在时点$t = 1, 2$都没有出现亏损,企业所能获得的利润$\pi_t^*[(\theta_t - e_t^*), Q_t(p_t), k_{t-1}, \psi(\cdot)]$满足假设1和假设2:

假设1 信息完全对称时,在时点$t = 1$,消费者的需求函数$q_1 = Q_1(p_1)$、初始固定投资k_0和经营者的努力成本函数$\psi(\cdot)$满足$\pi_1^*[(\bar{\theta}_1 - e_1^*), Q_1(p_1), k_0, \psi(\cdot)] \geqslant 0$,即类型最高(即边际成本最大)的公用事业企业在时点$t = 1$所能获得的利润非负。

假设2 信息完全对称时,如果规制机构在时点$t = 1$无需对公用事

① $p_t^*(\theta_t - e_t^*)$和$q_t^*(\theta_t - e_t^*)$即说明最优规制价格p_t^*和最优规制数量q_t^*是边际成本$\theta_t - e_t^*$的函数。

业企业提供补贴，那么在时点 $t=2$，需求函数 $q_2=Q_2(p_2)$、经营者的努力成本函数 $\psi(\cdot)$ 满足 $\pi_2^*[(\bar{\theta}_2-e_2^*),\ Q_2(p_2),\ \psi(\cdot)]\geqslant 0$，即类型最高(即边际成本最大)的公用事业企业在时点 $t=2$ 所能产生的利润非负。①

由于 $\partial\pi_t^*(\theta_t)/\partial\theta_t<0$，假设 1 意味着在时点 $t=1$，所有类型(边际成本 $\theta_1\in[\underline{\theta}_1,\ \bar{\theta}_1]$)的公用事业企业所能获得的利润都大于 0。因此，规制机构的最优规制方案不需要对企业提供补贴，即 $k_1^*=0$。

根据假设 1 和假设 2，信息完全对称时，最优规制方案可以使得规制机构在时点 $t=1$ 和时点 $t=2$ 的社会福利大于 0，即 $W_1>0$，$W_2>0$。因此，规制机构在信息对称情形下会选择在 $t=1,\ 2$ 设定最优的规制方案让企业提供两期的公共服务。

综上所述，我们有如下的引理：

引理 1　在信息对称情形下，当需求函数 $q_t=Q_t(p_t)$、经营者的努力成本函数 $\psi(\cdot)$ 和企业初始固定投资 k_0 满足假设 1 和假设 2 时，规制机构的最优规制方案可以实现以下目标：规制机构无需对企业再融资($k_1=0$)就能让企业提供两期的公共服务；并且，在最优规制方案下，公用事业企业经营者的效用水平等于他的保留效用，即 $v_t^*=w_t^*-\psi(e_t^*)=\bar{v}=0$，即企业经营者不可能得到任何租金。

接下来，我们要分析在信息不对称时，公用事业企业在时点 $t=1$ 出现亏损($\pi_1<0$)的情况，以及不完全契约情形下，规制机构和被规制公用事业企业之间的重新谈判所导致的预算软约束问题。

4.4　信息不对称且契约完全情形

我们将信息对称情形下，规制机构所能设定的最优规制方案称为最优的规制方案。有别于信息对称的基准情形，在信息不对称下逆向选择和道

① 当被规制公用事业企业在时点 $t=0$ 所需的固定投资 k_0 足够大时，我们发现假设 1 成立就能意味着假设 2 的成立。

德危机的同时出现使得规制机构只能选择次优(second best)的规制方案，甚至是次次优(third best)的规制方案。在信息对称时的基准情形下，假设1和假设2意味着任何类型(边际成本)的公用事业企业都不存在亏损的可能。我们接下来分析信息不对称情形且契约完全时，类型高(边际成本大)的被规制公用事业企业在时点 $t=1$ 出现亏损(负利润)的原因。

规制机构和公用事业企业之间的信息不对称是指：(1) 在时点 $t=1$，2，只有公用事业企业清楚自己的类型(边际成本) θ_t，而规制机构只知道企业类型的分布函数 $F(\theta_t)$ 和对应的密度函数 $f(\theta_t)$。(2) 企业经营者的努力水平 e_t ($t=1$, 2)既不可观察又不可证实。前者会产生逆向选择(隐藏信息)问题，后者会导致道德危机(隐藏行为)问题。

规制机构和公用事业企业之间能够达成完全契约是指，规制机构在时点 $t=1$ 对面临亏损的公用事业企业的补贴 $k_1(\hat{\theta}_1, \theta_1)$ 可以在事前(时点 $t=0$)写进契约，并且该契约在事后(时点 $t=1$)能够被严格执行。也就是说，规制机构和被规制公用事业企业之间不存在毁约和重新谈判的可能。

4.4.1 利润函数与规制方案

在时点 $t=1$, 2，公用事业企业经营者选择努力水平(e_t)并决定公共产品或服务的数量(q_t)。公用事业企业的成本函数为：$c_t=(\theta_t-e_t)q_t$，利润函数为：$\pi_t=p_tq_t-[(\theta_t-e_t)q_t+k_{t-1}+w_t]$。其中，$w_t$ 为规制机构付给公用事业企业经营者的薪酬。

消费者的需求函数 $q_t=Q_t(p_t)$ 是公共信息，如果 k_1 和 w_t 能够在事前写进契约，那么规制机构能凭借观察到的利润 π_t 和对亏损企业的补贴 k_1 推断出企业的成本 $c_t=(\theta_t-e_t)q_t$。遵循拉丰和梯若尔(Laffont and Tirole, 1986)关于企业成本可观测的假设，我们也假设公用事业企业的成本 c_t 可观察。也就是说，在时点 $t=1$, 2，规制机构能够凭借观察到的 q_t、c_t 来设定规制方案，并付给公用事业企业经营者薪酬 w_t。

规制机构要求被规制的公用事业企业报告自己的类型 $\hat{\theta}_t$ 和补贴

$k_1(\hat{\theta}_1, \theta_1)$。$w_t$ 依赖于企业所报告的类型 $\hat{\theta}_t$ 和规制机构所观察到的成本 c_t，即 $w_t(\hat{\theta}_t, c_t)$；并且规制机构在规制方案中对报告类型为 $\hat{\theta}_t$ 的企业设定必须提供的公共服务的数量 $q_t(\hat{\theta}_t)$。将 $q_t(\hat{\theta}_t)$ 代入消费者的逆需求函数,可以得出政府对公用事业企业所设定的规制定价。

根据显示原理,满足激励相容的最优规制方案应该是让公用事业企业经营者真实报告自己的类型(边际成本) θ_t 和补贴,即 $\hat{\theta}_t = \theta_t$ 和 $k_1(\hat{\theta}_1, \theta_1) = k_1(\theta_1, \theta_1)$。显示原理告诉我们,只需将注意力集中到被规制公用事业企业会如实申报自己在时点 $t = 1, 2$ 的类型(边际成本)：$\theta_t = \hat{\theta}_t$ 上即可。

综上所述,信息不对称且完全契约情况下,规制方案可以用以下函数来描述：

$$R(\text{complete contract}) \equiv \begin{Bmatrix} k_0, \ q_1(\hat{\theta}_1), \ w_1(\hat{\theta}_1, c_1), \ k_1(\hat{\theta}_1, \theta_1) \\ q_2(\hat{\theta}_1, \hat{\theta}_2), \ w_2(\hat{\theta}_1, c_1, \hat{\theta}_2, c_2) \end{Bmatrix}$$

其中 k_0 是外生给定的常数,衡量公用事业企业在时点 $t = 0$ 所需的固定投资。

4.4.2　逆向求解

在完全契约假设下,规制机构在时点 $t = 1$ 对亏损的公用事业企业提供的政府补贴 $k_1(\hat{\theta}_1, \theta_1)$ 在事前可以明确地写进契约且事后被严格执行。因此,我们可以采用从时点 $t = 2$ 来进行反向求解。

(1) 第二期开始时

在时点 $t = 2$,给定被规制的公用事业企业在时点 $t = 1$ 所报告的类型(边际成本) $\hat{\theta}_1$,类型(边际成本)为 θ_2 的企业经营者面对规制机构已经明确写进契约的补贴 $k_1(\hat{\theta}_1, \theta_1)$,当 $k_1 + \pi_1 \geqslant 0$ 时,企业可以在时点 $t = 2$ 继续经营下去。

给定被规制的公用事业企业经营者在时点 $t = 1$ 报告的类型为 $\hat{\theta}_1$,如果企业类型为 θ_2 的公用事业企业的经营者在时点 $t = 2$ 向规制机构报告

自己的类型为 $\hat{\theta}_2$，他在时点 $t=2$ 所能得到的效用水平为

$$v_2(\hat{\theta}_1, \hat{\theta}_2, \theta_2)=w_2(\hat{\theta}_1, c_1, \hat{\theta}_2, c_2)-\psi[e_2(\hat{\theta}_1, \hat{\theta}_2, \theta_2)]$$
$$e_2(\hat{\theta}_1, \hat{\theta}_2, \theta_2)=\theta_2-c_2(\hat{\theta}_1, \hat{\theta}_2, \theta_2)/q_2(\hat{\theta}_1, \hat{\theta}_2, \theta_2)$$

其中 $q_2(\hat{\theta}_1, \hat{\theta}_2)=Q_2[p_2(\hat{\theta}_1, \hat{\theta}_2)]$。

如果企业类型为 θ_2 的公用事业企业的经营者在时点 $t=2$ 报告了真实类型 θ_2，即 $\hat{\theta}_2=\theta_2$，那么该企业的经营者在时点 $t=2$ 所能得到的效用水平为

$$v_2(\hat{\theta}_1, \theta_2, \theta_2)=w_2(\hat{\theta}_1, c_1, \theta_2, c_2)-\psi[e_2(\hat{\theta}_1, \theta_2, \theta_2)]$$
$$e_2(\hat{\theta}_1, \theta_2, \theta_2)=\theta_2-c_2(\hat{\theta}_1, \theta_2, \theta_2)/q_2(\hat{\theta}_1, \theta_2, \theta_2) \quad (4-9)$$

(4－9)式意味着

$$\frac{\partial v_2(\hat{\theta}_1, \theta_2, \theta_2)}{\partial \theta_2}=\frac{\partial w_2(\hat{\theta}_1, c_1, \theta_2, c_2)}{\partial \theta_2}-\psi'[e_2(\hat{\theta}_1, \theta_2, \theta_2)]$$
$$+\psi'[e_2(\hat{\theta}_1, \theta_2, \theta_2)]\frac{\partial[c_2(\hat{\theta}_1, \theta_2, \theta_2)/q_2(\hat{\theta}_1, \theta_2, \theta_2)]}{\partial \theta_2} \quad (4-10)$$

规制方案在时点 $t=2$ 满足激励相容的充分必要条件是：给定企业经营者在时点 $t=1$ 报告类型 $\hat{\theta}_1$，在时点 $t=2$ 没有动机谎报自己的类型，即 $\hat{\theta}_2=\theta_2$。因此，时点 $t=2$ 的激励相容约束（IC_2）是(4－11)式，且满足(4－12)式：

$$v_2(\hat{\theta}_1, \theta_2, \theta_2)\geqslant v_2(\hat{\theta}_1, \hat{\theta}_2, \theta_2), \ \forall \hat{\theta}_2,$$
$$\forall \theta_2\in[\underline{\theta}_2, \bar{\theta}_2], \ \forall \hat{\theta}_1\in[\underline{\theta}_1, \bar{\theta}_1] \quad (4-11)$$

$$\theta_2\in \underset{\hat{\theta}_2}{\operatorname{argmax}}\, v_2(\hat{\theta}_1, \hat{\theta}_2, \theta_2)\equiv w_2(\hat{\theta}_1, c_1, \hat{\theta}_2, c_2)-\psi[e_2(\hat{\theta}_1, \hat{\theta}_2, \theta_2)] \quad (4-12)$$

在本章数理模型的假设下，函数 $w_t(\cdot)$ 和函数 $e_t(\cdot)$ 都是性状良好的可微函数，因此(4－12)式意味着以下式子几乎处处成立：

$$\frac{\partial w_2(\hat{\theta}_1, c_1, \hat{\theta}_2, c_2)}{\partial \hat{\theta}_2}\Big|_{\hat{\theta}_2=\theta_2}$$

$$-\psi'[e_2(\hat{\theta}_1, \hat{\theta}_2, \theta_2)]\frac{\partial e_2(\hat{\theta}_1, \hat{\theta}_2, \theta_2)}{\partial \hat{\theta}_2}\Big|_{\hat{\theta}_2=\theta_2} = 0$$

$$\frac{\partial w_2(\hat{\theta}_1, c_1, \hat{\theta}_2, c_2)}{\partial \hat{\theta}_2}\Big|_{\hat{\theta}_2=\theta_2}$$

$$+\psi'[e_2(\hat{\theta}_1, \hat{\theta}_2, \theta_2)]\frac{\partial[c_2(\hat{\theta}_1, \hat{\theta}_2, \theta_2)/q_2(\hat{\theta}_1, \hat{\theta}_2, \theta_2)]}{\partial \hat{\theta}_2}\Big|_{\hat{\theta}_2=\theta_2} = 0 \qquad (4-13)$$

结合(4-10)式和(4-13)式，我们可以将时点 $t=2$ 的激励相容约束(IC_2)写作

$$\frac{\partial v_2(\hat{\theta}_1, \theta_2, \theta_2)}{\partial \theta_2} = -\psi'[e_2(\hat{\theta}_1, \theta_2, \theta_2)],\ \forall \theta_2 \in [\underline{\theta}_2, \bar{\theta}_2] \qquad (4-14)$$

(4-14)式意味着信息不对称且完全契约情况下，最优规制方案要求在时点 $t=2$ 被规制的公用事业企业的经营者的效用水平随着企业类型 θ_2 增加(成本类型增加)而减少。因此最优规制方案只要满足类型最高的公用事业企业的经营者的效用 $v_2(\hat{\theta}_1, \bar{\theta}_2, \bar{\theta}_2)=\bar{v}=0$，就能保证所有类型的公用事业企业的经营者在时点 $t=2$ 的参与约束成立。

给定公用事业企业的经营者在时点 $t=1$ 报告类型 $\hat{\theta}_1$，我们可以将规制机构在时点 $t=2$ 的最优规制方案写成如下的数学规划问题①：

$$\max_{q_2(\hat{\theta}_1, \theta_2),\, e_2(\hat{\theta}_1, \theta_2)} W_2 = \int_{\underline{\theta}_2}^{\bar{\theta}_2}[V_2(q_2(\hat{\theta}_1, \theta_2)) - p_2(\hat{\theta}_1, \theta_2)q_2(\hat{\theta}_1, \theta_2)]f_2(\theta_2)d\theta_2$$

$$+\alpha\int_{\underline{\theta}_2}^{\bar{\theta}_2}\left\{\begin{matrix} p_2(\hat{\theta}_1, \theta_2)q_2(\hat{\theta}_1, \theta_2) - (\theta_2 - e_2(\hat{\theta}_1, \theta_2))q_2(\hat{\theta}_1, \theta_2) \\ -k_1(\hat{\theta}_1) - v_2(\hat{\theta}_1, \theta_2) - \psi[e_2(\hat{\theta}_1, \theta_2)] \end{matrix}\right\}f_2(\theta_2)d\theta_2$$

$$\text{st}\quad v_2(\hat{\theta}_1, \bar{\theta}_2) = \bar{v} = 0 \qquad (IR_2)$$

---

① 为了尽可能少用数学符号，我们将根据显示原理做出以下的简写：$v_2(\hat{\theta}_1, \theta_2, \theta_2) \equiv v_2(\hat{\theta}_1, \theta_2)$，$w_2(\hat{\theta}_1, \theta_2, \theta_2) \equiv w_2(\hat{\theta}_1, \theta_2)$，$e_2(\hat{\theta}_1, \theta_2, \theta_2) \equiv e_2(\hat{\theta}_1, \theta_2)$，等等。

$$\text{and}\quad \frac{\partial v_2(\hat{\theta}_1,\theta_2)}{\partial\theta_2}=-\psi'[e_2(\hat{\theta}_1,\theta_2)],\ \forall\theta_2\in[\underline{\theta}_2,\bar{\theta}_2](IC_2)\tag{4-15}$$

上述数学规划问题将 v_2 看作状态变量,将 e_2 和 q_2 看作控制变量。令 $\mu(\hat{\theta}_1,\theta_2)$ 为 IC_2 所对应的协状态变量。我们可以用庞德里亚金最大值原理(Pontryagin's Maximum Principle)写出 Hamiltonian 函数:

$$\begin{aligned}H=&[V_2(q_2(\hat{\theta}_1,\theta_2))-p_2(\hat{\theta}_1,\theta_2)q_2(\hat{\theta}_1,\theta_2)]f_2(\theta_2)\\&+\alpha\left\{\begin{matrix}p_2(\hat{\theta}_1,\theta_2)q_2(\hat{\theta}_1,\theta_2)-(\theta_2-e_2(\hat{\theta}_1,\theta_2))q_2(\hat{\theta}_1,\theta_2)\\-k_1(\hat{\theta}_1)-v_2(\hat{\theta}_1,\theta_2)-\psi[e_2(\hat{\theta}_1,\theta_2)]\end{matrix}\right\}f_2(\theta_2)\\&-\mu\psi'[e_2(\hat{\theta}_1,\theta_2)]\end{aligned}$$

利用庞德里亚金最大值原理求解:

$$\begin{aligned}&\frac{\partial H}{\partial q_2(\hat{\theta}_1,\theta_2)}\\&=\left[V_2'(q_2(\hat{\theta}_1,\theta_2))-p_2(\hat{\theta}_1,\theta_2)-q_2(\hat{\theta}_1,\theta_2)\frac{\partial p_2(\hat{\theta}_1,\theta_2)}{\partial q_2(\hat{\theta}_1,\theta_2)}\right]f_2(\theta_2)\\&\quad+\alpha\left[p_2(\hat{\theta}_1,\theta_2)+q_2(\hat{\theta}_1,\theta_2)\frac{\partial p_2(\hat{\theta}_1,\theta_2)}{\partial q_2(\hat{\theta}_1,\theta_2)}-\theta_2+e_2(\hat{\theta}_1,\theta_2)\right]f_2(\theta_2)\\&=0\end{aligned}\tag{4-16}$$

$$\frac{\partial H}{\partial e_2(\hat{\theta}_1,\theta_2)}=\alpha\{q_2(\hat{\theta}_1,\theta_2)-\psi'[e_2(\hat{\theta}_1,\theta_2)]\}f_2(\theta_2)-\mu\psi''[e_2(\hat{\theta}_1,\theta_2)]=0$$

$$\dot{\mu}=-\frac{\partial H}{\partial v_2(\hat{\theta}_1,\theta_2)}=\alpha f_2(\theta_2)\tag{4-17}$$

$$\mu(\hat{\theta}_1,\underline{\theta}_2)v_2(\hat{\theta}_1,\underline{\theta}_2)=0\qquad \text{TVC}$$

由于 $v_2(\hat{\theta}_1,\underline{\theta}_2)>v_2(\hat{\theta}_1,\bar{\theta}_2)=0$, TVC 条件意味着协状态变量 $\mu(\hat{\theta}_1,\theta_2)$ 在 $\theta_2=\underline{\theta}_2$ 处等于 0,即 $\mu(\hat{\theta}_1,\underline{\theta}_2)=0$。(4-17)式意味着协状态变量是关于 θ_2 的条件分布函数的线性函数,因此我们可以求解出协状态变量:

$$\mu(\hat{\theta}_1, \theta_2) = \alpha F_2(\theta_2)$$

综上所述，得到如下的命题：

命题 1　给定公用事业企业经营者在时点 $t=1$ 的报告类型 $\hat{\theta}_1$，规制机构在时点 $t=2$ 所设定的最优规制方案 $\{q_2^{**}(\hat{\theta}_1, \theta_2), w_2^{**}(\hat{\theta}_1, c_1, \theta_2, c_2)\}$，以及类型为 θ_2 的公用事业企业的经营者所提供的最优努力水平 $e_2^{**}(\hat{\theta}_1, \theta_2)$ 所满足的充分必要条件是：

$$v_2(\hat{\theta}_1, \bar{\theta}_2) = \bar{v} = 0$$

$$\frac{\partial v_2(\hat{\theta}_1, \theta_2)}{\partial \theta_2} = -\psi'[e_2(\hat{\theta}_1, \theta_2)],\ \forall \theta_2 \in [\underline{\theta}_2, \bar{\theta}_2]$$

$$V_2'(q_2(\hat{\theta}_1, \theta_2)) + (\alpha-1)\left[p_2(\hat{\theta}_1, \theta_2) + q_2(\hat{\theta}_1, \theta_2)\frac{\partial p_2(\hat{\theta}_1, \theta_2)}{\partial q_2(\hat{\theta}_1, \theta_2)}\right]$$
$$-\alpha[\theta_2 - e_2(\hat{\theta}_1, \theta_2)] = 0$$

$$q_2(\hat{\theta}_1, \theta_2) - \frac{F_2(\theta_2)}{f_2(\theta_2)}\psi''[e_2(\hat{\theta}_1, \theta_2)] = \psi'[e_2(\hat{\theta}_1, \theta_2)]$$

我们假设在时点 $t=2$ 最优规制方案 $\{q_2^{**}(\hat{\theta}_1, \theta_2), w_2^{**}(\hat{\theta}_1, c_1, \theta_2, c_2)\}$ 和经营者所付出的最优努力水平 $e_2^{**}(\hat{\theta}_1, \theta_2)$ 满足(4－15)式中的社会福利大于等于 0，即 $W_2^{**} \geqslant 0$。因此，规制机构在时点 $t=2$ 愿意执行上述最优规制方案。并且，与信息对称时的最优相比，这里的最优规制方案只能算是次优的。

命题 1 意味着：给定公用事业企业的经营者在时点 $t=1$ 所报告的类型 $\hat{\theta}_1$，企业经营者在时点 $t=2$ 所能获得的效用是企业类型的减函数。在时点 $t=2$，类型最高($\theta_2=\bar{\theta}_2$)的公用事业企业的经营者只能获得保留效用 $v_2(\hat{\theta}_1, \bar{\theta}_2)=\bar{v}=0$，其他类型($\theta_2<\bar{\theta}_2$)的公用事业企业的经营者的效用水平大于保留效用，即 $v_2(\hat{\theta}_1, \theta_2)>\bar{v}=0$。命题 1 尽管与拉丰和梯若尔(Laffont and Tirole, 1986)研究中的命题在形式上有所不同，但本质上是一致的。拉丰和梯若尔(Laffont and Tirole, 1986)讨论的是静态规制问题，逆向推导中在 $t=2$ 给定了 $\hat{\theta}_1$，因而在 $t=2$ 本质上就是静态规划问题。

当 $\theta_2=\underline{\theta}_2$，命题 1 意味着 $q_2(\hat{\theta}_1,\underline{\theta}_2)=\psi'[e_2(\hat{\theta}_1,\underline{\theta}_2)]$，即最有效的公用事业企业（$\theta_2=\underline{\theta}_2$，即成本类型最低）的经营者的努力水平和信息对称情形下的最优努力水平 e_2^* 完全相同，即 $e_2^{**}(\hat{\theta}_1,\underline{\theta}_2)=e_2^*(\hat{\theta}_1,\underline{\theta}_2)$，这就是著名的顶端不扭曲原则；对于企业类型 $\theta_2>\underline{\theta}_2$ 的经营者，其努力水平和信息对称情形下的最优努力水平 e_2^* 相比，存在着一定程度的扭曲。

给定 $\hat{\theta}_1$，将 $t=2$ 时满足命题 1 的最优规制方案 $\{q_2^{**}(\hat{\theta}_1,\theta_2),w_2^{**}(\hat{\theta}_1,c_1,\theta_2,c_2)\}$ 及企业类型为 θ_2 的经营者的最优努力水平 $e_2^{**}(\hat{\theta}_1,\theta_2)$ 代入利润函数 $\pi_2(\hat{\theta}_1,\theta_2)$，求出 $\pi_2^{**}(\hat{\theta}_1,\theta_2)$ 满足：

$$\pi_2^{**}(\hat{\theta}_1,\theta_2)=\begin{bmatrix} p_2^{**}(\hat{\theta}_1,\theta_2)q_2^{**}(\hat{\theta}_1,\theta_2)-(\theta_2-e_2^{**}(\hat{\theta}_1,\theta_2))q_2^{**}(\hat{\theta}_1,\theta_2) \\ -k_1(\hat{\theta}_1)-v_2^{**}(\hat{\theta}_1,\theta_2)-\psi[e_2^{**}(\hat{\theta}_1,\theta_2)] \end{bmatrix}$$

根据包络定理，$\partial\pi_2^{**}(\hat{\theta}_1,\theta_2)/\partial\theta_2=-q_2^{**}(\hat{\theta}_1,\theta_2)<0$，即被规制公用事业企业所能获得的最大利润随企业类型的增加而减少。

(2) 第一期开始时

现在回到时点 $t=1$。公用事业企业向规制机构报告的类型是 $\hat{\theta}_1$，企业经营者在时点 $t=1$ 所能获得的效用水平为：

$$v_1(\hat{\theta}_1,\theta_1)=w_1(\hat{\theta}_1,c_1)-\psi[e_1(\hat{\theta}_1,\theta_1)]$$
$$e_1(\hat{\theta}_1,\theta_1)=\theta_1-c_1(\hat{\theta}_1,\theta_1)/q_1(\hat{\theta}_1,\theta_1)$$

在时点 $t=1$，规制方案满足激励相容的充分必要条件是：给定公用事业企业在时点 $t=2$ 报告了真实类型 $\tilde{\theta}_2$，企业在时点 $t=1$ 同样没有动机谎报类型。假设公用事业企业的经营者在时点 $t=1$ 预期的两期总效用为 $\Pi(\hat{\theta}_1,\theta_1)$，满足 $\Pi(\hat{\theta}_1,\theta_1)=v_1(\hat{\theta}_1,\theta_1)+\rho E[v_2(\hat{\theta}_1,\theta_1,\tilde{\theta}_2)]$，$\rho E[v_2(\hat{\theta}_1,\theta_1,\tilde{\theta}_2)]$ 是第二期的期望效用的贴现，ρ 是贴现因子，$E[v_2(\hat{\theta}_1,\theta_1,\tilde{\theta}_2)]=\int_{\underline{\theta}_2}^{\bar{\theta}_2}v_2(\hat{\theta}_1,\theta_1,x)f_2(x)dx$。

当企业在时点 $t=1$ 报告了真实类型时，$\Pi(\theta_1,\theta_1)=v_1(\theta_1,\theta_1)+\rho E[v_2(\theta_1,\theta_1,\tilde{\theta}_2)]$。

其中 $v_1(\theta_1,\theta_1)=w_1(\theta_1,c_1)-\psi[e_1(\theta_1,\theta_1)]$，$E[v_2(\theta_1,\theta_1,\tilde{\theta}_2)]=$

$\int_{\underline{\theta}_2}^{\bar{\theta}_2} v_2(\theta_1, \theta_1, x) f_2(x) dx$，$e_1(\theta_1, \theta_1) = \theta_1 - c_1(\theta_1, \theta_1)/q_1(\theta_1, \theta_1)$。

因此，在时点 $t = 1$ 的激励相容条件可以写为：

$$\Pi(\theta_1, \theta_1) \geqslant \Pi(\hat{\theta}_1, \theta_1),\ \forall \theta_1,\ \forall \hat{\theta}_1 \in [\underline{\theta}_1, \bar{\theta}_1] \tag{4-18}$$

信息不对称且完全契约情况下，在时点 $t = 1$ 的最优规制方案写成如下的数学规划问题：

$$\max_{q_1(\hat{\theta}_1), e_1(\hat{\theta}_1), k_1(\hat{\theta}_1), q_2(\hat{\theta}_1, \theta_2), e_2(\hat{\theta}_1, \theta_2)} \int_{\underline{\theta}_1}^{\bar{\theta}_1} [V_1(q_1(\hat{\theta}_1)) - p_1(\hat{\theta}_1) q_1(\hat{\theta}_1)] f_1(\hat{\theta}_1) d\hat{\theta}_1$$

$$+ \alpha \int_{\underline{\theta}_1}^{\bar{\theta}_1} \left\{ \begin{array}{l} p_1(\hat{\theta}_1) q_1(\hat{\theta}_1) - (\theta_1 - e_1(\hat{\theta}_1)) q_1(\hat{\theta}_1) \\ - k_1(\hat{\theta}_1) - v_1(\hat{\theta}_1) - \psi[e_1(\hat{\theta}_1)] \end{array} \right\} f_1(\hat{\theta}_1) d\hat{\theta}_1 + \rho W_2(\hat{\theta}_1, \theta_2)$$

$$\text{st} \qquad v_1(\hat{\theta}_1, \theta_1) \geqslant \bar{v} = 0 \qquad (IR_1) \tag{4-19}$$

$$v_2(\hat{\theta}_1, \bar{\theta}_2) = \bar{v} = 0 \qquad (IR_2)$$

$$\text{and } \Pi(\theta_1, \theta_1) \geqslant \Pi(\hat{\theta}_1, \theta_1),\ \forall \theta_1,\ \forall \hat{\theta}_1 \in [\underline{\theta}_1, \bar{\theta}_1] \qquad (IC_1)$$

$$v_2(\hat{\theta}_1, \theta_2, \theta_2) \geqslant v_2(\hat{\theta}_1, \hat{\theta}_2, \theta_2),\ \forall \hat{\theta}_2,$$

$$\forall \theta_2 \in [\underline{\theta}_2, \bar{\theta}_2],\ \forall \hat{\theta}_1 \in [\underline{\theta}_1, \bar{\theta}_1] \qquad (IC_2)$$

$\theta_1 \equiv \theta_2$ 意味着规制方案在时点 $t = 1$ 满足激励相容的充分必要条件可以写作

$$v_1(\theta_1, \theta_1) + \rho[v_2(\theta_1, \theta_1, \theta_1)]$$

$$\geqslant v_1(\hat{\theta}_1, \theta_1) + \rho[v_2(\hat{\theta}_1, \theta_1, \theta_1)],\ \forall \theta_1,\ \forall \hat{\theta}_1 \in [\underline{\theta}_1, \bar{\theta}_1] \tag{4-20}$$

完全契约情况下，(4-20)式还可以进一步简化为

$$(1+\rho) v_1(\theta_1, \theta_1) \geqslant (1+\rho) v_1(\hat{\theta}_1, \theta_1),\ \forall \theta_1,\ \forall \hat{\theta}_1 \in [\underline{\theta}_1, \bar{\theta}_1] \tag{4-21}$$

将时点 $t = 1$ 的激励相容条件(4-21)式代入(4-19)式，可以得到 $t = 1$ 时的简化的最优规制方案：

$$\max_{q_1(\hat{\theta}_1), e_1(\hat{\theta}_1), k_1(\hat{\theta}_1)} (1+\rho) \int_{\underline{\theta}_1}^{\bar{\theta}_1} [V_1(q_1(\hat{\theta}_1)) - p_1(\hat{\theta}_1) q_1(\hat{\theta}_1)] f_1(\hat{\theta}_1) d\hat{\theta}_1$$

$$\text{st} \quad v_1(\hat{\theta}_1, \bar{\theta}_1) = \bar{v} = 0 \qquad (IR_1)$$

$$\text{and} \quad v_1(\theta_1, \theta_1) \geqslant v_1(\hat{\theta}_1, \theta_1), \ \forall \theta_1, \ \forall \hat{\theta}_1 \in [\underline{\theta}_1, \bar{\theta}_1] \qquad (IC_1)$$

(4-22)

第一期的规划问题(4-22)式和第二期的规划问题(4-15)式具有完全相同的结构,因此它们具有完全相同的解,也就是说在信息不对称而契约完全时,通过逆向求解推出第一期的最优规制方案等同于第二期的最优规制方案,即命题 2:

命题 2　信息不对称且契约完全情形下,由于被规制公用事业企业在时点 $t=2$ 的类型(边际成本) θ_2 完全等同于其在时点 $t=1$ 的类型(边际成本) θ_1,即 $\theta_2 \equiv \theta_1$,规制机构在时点 $t=1$ 的最优(动态)规制方案完全等同于在时点 $t=2$ 的最优(静态)规制方案。

命题 2 与巴郎和贝桑科(Baron and Bersanko, 1984)论文的定理 4 尽管在形式上有所不同,但本质上是一样的。巴郎和贝桑科(Baron and Bersanko, 1984)没有考虑在时点 $t=1$ 亏损的被规制企业将获得补贴 k_1,我们考虑了存在补贴的情况。事实上,只要补贴 k_1 能在事前($t=0$)写进契约且在事后($t=1$)被严格执行,规制机构的次优规制方案就能使企业汇报真实类型 θ_t 并获得补贴 $k_1(\theta_1, \theta_1)$,以此来实现分离均衡。

类似于 $\pi_2^{**}(\hat{\theta}_1, \theta_2)$,可以求出信息不对称且契约完全情形下,类型 θ_1 的公用事业企业在时点 $t=1$ 能获得的最大利润 $\pi_1^{**}(\theta_1)$:

$$\pi_1^{**}(\theta_1) = \begin{bmatrix} p_1^{**}(\theta_1)q_1^{**}(\theta_1) - (\theta_1 - e_1^{**}(\theta_1))q_1^{**}(\theta_1) \\ - k_0 - v_1^{**}(\theta_1) - \psi[e_1^{**}(\theta_1)] \end{bmatrix}$$

与信息对称情形下 $\pi_1^{*}(\theta_1)$ 相类似,将 $\pi_1^{**}(\theta_1)$ 写成 $\pi_1^{**}[(\theta_1 - e_1^{**}), Q_1(p_1), k_0, \psi(\cdot)]$ 的形式。命题 1 告诉我们除了成本类型最低的最有效企业($\theta_t = \underline{\theta}$)外,其他的公用事业企业的经营者都减少了努力付出;除了成本类型最高的最无效企业($\theta_t = \bar{\theta}$)外,其他的公用事业企业的经营者都获得了租金。因此,对于任意一个企业,我们都有 $\pi_1^{**} < \pi_1^{*}$ 。也就是说相对于信息对称时的基准情形,政府和公用事业企业的经营者之间的信息不

对称造成了企业利润的下降。由于 $\partial\pi_1^{**}[(\theta_1-e_1^{**}),Q_1(p_1),k_0,\psi(\cdot)]/\partial\theta_1<0$，只要存在类型 χ^{**} 的企业的利润等于零，$\chi^{**}\in(\underline{\theta}_1,\bar{\theta}_1)$，那么对于所有 $\theta_1\geqslant\chi^{**}$ 的企业都有 $\pi_1^{**}[(\theta_1-e_1^{**}),Q_1(p_1),k_0,\psi(\cdot)]\leqslant 0$。我们有如下的假设3：

假设3 在信息不对称且契约完全情形下，假设需求函数 $q_1=Q_1(p_1)$，公用事业企业的初始固定投资 k_0 和经营者的努力成本函数 $\psi(\cdot)$ 满足：存在常数 $\chi^{**}\in(\underline{\theta}_1,\bar{\theta}_1)$，使得 $\pi_1^{**}[(\chi^{**}-e_1^{**}),Q_1(p_1),k_0,\psi(\cdot)]=0$，此时，企业成本类型大于 χ^{**} 的公用事业企业在时点 $t=1$ 将出现亏损，从而需要得到政府补贴 $k_1^{**}=-\min\{0,\pi_1^{**}[(\theta_1-e_1^{**}),Q_1(p_1),k_0,\psi(\cdot)]\}$。

如果假设3被违反，那么，即使在信息不对称情形下，任何类型(边际成本)的公用事业企业在时点 $t=1$ 都不可能出现亏损，因而也就无须规制机构在时点 $t=1$ 为公用事业企业提供政府补贴 k_1 了。假设3意味着信息不对称可能会导致某些类型(边际成本)的公用事业企业($\theta_1>\chi^{**}$)在时点 $t=1$ 出现亏损。

4.4.3 政府补贴

将命题1和命题2所描述的最优规制方案以及公用事业企业的经营者的次优努力水平 $e_t^{**}(\theta_t)$ 代入规制机构的效用函数(4-2)式 $W_1'=W_1+\rho W_2$ 中，我们发现在信息不对称且契约完全情况下，W_1' 和消费者的需求函数 $q_t=Q_t(p_t)$、企业经营者的努力成本函数 $\psi(\cdot)$、贴现率 ρ、权重 α 以及初始固定投资 k_0 有关。

只要规制机构的效用函数 $W_1'^{**}[(\theta_t-e_t^{**}),Q_t(p_t),\alpha,\rho,k_0,\psi(\cdot)]\geqslant 0$，在完全契约情形下，即使存在信息不对称，规制机构还是愿意提供补贴 $k_1(\theta_1,\theta_1)$ 让所有类型的被规制企业都继续经营。也就是说，如果补贴 k_1 能在事前($t=0$)写进契约并在事后(时点 $t=1$)被明确执行，信息不对称意味着规制机构需要在时点 $t=1$ 对那些边际成本较大的公用事业企业

($\theta_1 > \chi^{**}$)提供补贴,否则这些企业在时点 $t=1$ 只能破产。规制机构在权衡消费者剩余和企业亏损后,还是愿意为亏损企业提供补贴并让其继续经营。事实上,我们发现只要公共服务的需求函数 $q_t = Q_t(p_t)$ 能带来足够大的消费者剩余或者(以及)规制机构赋予公用事业企业利润的权重 α 足够小,即使假设 3 成立,也能够保证 $W'^{**}_1 \geq 0$。

4.5 信息不对称且契约不完全情形

上一节已经分析了当政府和公用事业企业的经营者之间信息不对称时,最优规制方案下的政府福利性规制定价会导致部分公用事业企业出现亏损。如果政府希望这些亏损的公用事业企业能够继续经营下去,就必须对他们提供补贴。如果政府补贴能在事前写进契约并且保证事后能够被严格执行,那么政府可以设定最优的规制方案让所有公用事业企业真实报告自己的类型(边际成本)并获得应得的补贴。也就是说,在完全契约框架下,最优规制方案下不存在低边际成本的企业伪装成高边际成本以便领取更多补贴的现象。本节将扩展到不完全契约框架,研究公用事业企业的伪装高成本类型以获得超额补贴的问题。

我们现在沿着不完全契约的文献(Grossman and Hart, 1986; Hart and Moore, 1990; Aghion and Bolton, 1992; Dewatripont and Tirole, 1994 等),假设规制机构对公用事业企业的补贴 $k_1(\hat{\theta}_1, \theta_1)$ 在事前 ($t=0$) 无法写进契约,那么公用事业企业可能会有动机谎报自己的类型,以便获取更多的补贴。

沿用德沃特里庞和梯若尔(Dewatripont and Tirole, 1994)的模型设定,假设面对亏损的公用事业企业所申报的补贴,规制机构在时点 $t=1$ 可以采取某种行动 A, $A \in \{S, C\}$, S 代表干预使停止, C 表示默认使继续。当规制机构采取行动 S 时,亏损的公用事业企业不能得到任何补贴;而当规制机构采取行动 C 时,亏损的公用事业企业可以得到其申报的全额补贴 $k_1(\hat{\theta}_1, \theta_1)$。如果企业在时点 $t=1$ 真的亏损,当申报补贴被拒绝时,企业只能破产；相反，当补贴被满足时，企业可以继续经营。

成本类型为 $\theta_1 > \chi^{**}$ 的被规制公用事业企业经营者和规制机构的行为按时间先后顺序刻画如下：

(1) 公用事业企业的经营者在时点 $t=0$ 意识到补贴 $k_1(\hat{\theta}_1, \theta_1)$ 无法写进契约，因而报告自己的类型(边际成本)为 $\hat{\theta}_1$，并在时点 $t=1$ 申请获得补贴 $k_1(\hat{\theta}_1, \theta_1)$。如果公用事业企业的经营者报告自己的真实类型 θ_1，则 $\theta_1 = \hat{\theta}_1$；如果公用事业企业的经营者谎报自己的类型 θ_1，则 $\theta_1 \neq \hat{\theta}_1$。

(2) 在时点 $t=1$，面对企业的报告类型 $\hat{\theta}_1$ 和所观察到的企业成本 c_1，规制机构付给公用事业企业的经营者的薪酬为 $w_1(\hat{\theta}_1, c_1)$，并且要求企业必须提供数量为 $q_1(\hat{\theta}_1)$ 的公共产品或服务。

与德沃特里庞和梯若尔(Dewatripont and Tirole, 1994)文献中外部投资者约束企业经营者设计的激励机制假设类似①，我们假设在时点 $t=1$ 规制机构为了约束公用事业企业的经营者，以概率 $\phi[k_1(\hat{\theta}_1, \theta_1)]$ 采取行动 C，即提供补贴；以概率 $1-\phi[k_1(\hat{\theta}_1, \theta_1)]$ 采取行动 S，即不提供补贴。为了简化模型分析，我们假设如果规制机构愿意提供政府补贴，就一定会提供全额补贴 $k_1(\hat{\theta}_1, \theta_1)$。概率函数 $\phi(\cdot)$ 由模型内生决定，并满足 $\phi(\cdot) \in [0, 1]$。

值得注意的是，由于 $k_1(\hat{\theta}_1, \theta_1)$ 和 $\phi[k_1(\hat{\theta}_1, \theta_1)]$ 都不可能在时点 $t=0$ 被写进契约，因此当公用事业企业在时点 $t=1$ 出现亏损时，规制机构和被规制公用事业企业之间面临着重新谈判的可能。

在时点 $t=1$，给定类型(边际成本)为 θ_1 的被规制公用事业企业所申请的补贴 $k_1(\hat{\theta}_1, \theta_1)$，我们将规制机构在时点 $t=2$ 所能设定的次次优规制方案记为 $w_2^{***}(\theta_2, c_2)$ 和 $q_2^{***}(\theta_2)$，其中 c_2 为规制机构所观察到的公用事业企业在时点 $t=2$ 的成本。$w_2^{***}(\theta_2, c_2)$ 应该满足经营者在时点

① 德沃特里庞和梯若尔(Dewatripont and Tirole, 1994)假设外部投资者为了约束企业经营者的行为，会设定针对企业经营者的激励机制。该激励机制会以概率 $x(\pi_1, \mu)$ 在时点 $t=1$ 采取行动 C，以概率 $1-x(\pi_1, \mu)$ 在时点 $t=1$ 采取行动 S，其中 π_1 是企业在第 1 期的利润，μ 为外部投资者所观察到的信号。由于信号 μ 在时点 $t=0$ 不可写进契约，$x(\pi_1, \mu)$ 在时点 $t=0$ 也不可写进契约，因此外部投资者只能借助金融结构来执行该激励机制。

$t=2$ 至少可以获得保留效用,即 $v_2^{***}(\theta_2)=w_2^{***}(\theta_2,c_2)-\psi(e_2^{***}(\theta_2))\geqslant \bar{v}=0$。

综上所述,信息不对称且契约不完全情况下,补贴 $k_1(\hat{\theta}_1,\theta_1)$ 无法事先写进契约,规制机构在时点 $t=0$ 的规制方案可以用以下函数来描述:

$$R_0(\text{incomplete contract}\mid \text{国有})\equiv\begin{Bmatrix}k_0,\ q_1(\hat{\theta}_1),\ w_1(\hat{\theta}_1,c_1)\\ q_2(\hat{\theta}_1,\hat{\theta}_2),\ w_2(\hat{\theta}_1,c_1,\hat{\theta}_2,c_2)\end{Bmatrix}$$

在不完全契约框架下,如果规制机构在时点 $t=0$ 设定最优规制方案 R_0^{***} (incomplete contract) 能够满足 $\hat{\theta}_1=\theta_1\equiv\theta_2$,显示原理仍然适用。然而,我们能够证明如果补贴 $k_1(\hat{\theta}_1,\theta_1)$ 无法事前写进契约(即契约不完全契约),不存在能够满足 $\hat{\theta}_1=\theta_1\equiv\theta_2$ 的 R_0^{***},即显示原理不再适用。[①] 证明如下:

类型为 θ_1 的公用事业企业的经营者在时点 $t=0$ 的报告类型(边际成本)为 $\hat{\theta}_1$。$\theta_2\equiv\theta_1$ 意味着最优规制方案 R_0^{***} 要求 $v_2^{***}(\theta_1,\theta_2)|_{\theta_2\equiv\theta_1}=w_2^{***}(\theta_1,c_2)-\psi(e_2^{***}(\theta_1))$。当类型为 $\theta_1>\chi^{**}$ 的公用事业企业的经营者在时点 $t=0$ 的报告类型(边际成本)为 $\hat{\theta}_1$,企业需要在时点 $t=2$ 付出努力 $e_2^{***}(\hat{\theta}_1)$,经营者所能获得的效用是 $v_2^{***}(\hat{\theta}_1,\theta_2)|_{\theta_2\neq\hat{\theta}_1}=w_2^{***}(\hat{\theta}_1,c_2)-\psi[e_2^{***}(\hat{\theta}_1)]$。

报告类型 $\hat{\theta}_1$ 使得公用事业企业在时点 $t=2$ 的期望效用从 $\phi^{***}(\theta_1)v_2^{***}(\theta_1,\theta_2)|_{\theta_2\equiv\theta_1}$ 变为 $\phi^{***}(\hat{\theta}_1)v_2^{***}(\hat{\theta}_1,\theta_2)|_{\theta_2\neq\hat{\theta}_1}$。因此,我们希望类型 θ_1 的公用事业企业在时点 $t=0$ 报告真实类型 $\theta_1=\hat{\theta}_1$,时点 $t=1$ 的激励相容约束(4-20)式要求

$$\begin{aligned}&v_1(\theta_1,\theta_1)+\rho\phi^{***}(\theta_1)v_2^{***}(\theta_1,\theta_2)|_{\theta_2\equiv\theta_1}\\ \geqslant\ &v_1(\hat{\theta}_1,\theta_1)+\rho\phi^{***}(\hat{\theta}_1)v_2^{***}(\hat{\theta}_1,\theta_2)|_{\theta_2\equiv\theta_1\neq\hat{\theta}_1}\end{aligned}\tag{4-23}$$

将(4-23)式右边对 $\hat{\theta}_1$ 求导数,并令 $\hat{\theta}_1=\theta_1$,我们得到补贴 $k_1(\hat{\theta}_1)$ 无法在时点 $t=0$ 写进契约时,类型 θ_1 的企业真实报告自己的类型 $\hat{\theta}_1=\theta_1$:

① 事实上,即使在完全契约框架下,显示原理在动态信息不对称时一般都不再适用。

$$\frac{\partial w_1(\hat{\theta}_1, c_1)}{\partial \hat{\theta}_1}\bigg|_{\hat{\theta}_1=\theta_1} + \psi'[e_1(\hat{\theta}_1, \theta_1)]\frac{\partial e_1(\hat{\theta}_1, \theta_1)}{\partial \hat{\theta}_1}\bigg|_{\hat{\theta}_1=\theta_1}$$

$$+\rho\frac{\partial \phi^{***}(\hat{\theta}_1)}{\partial \hat{\theta}_1}v_2^{***}(\hat{\theta}_1, \theta_2)\bigg|_{\theta_2\equiv\theta_1\neq\hat{\theta}_1}$$

$$\frac{\partial w_2(\hat{\theta}_1, c_1, \hat{\theta}_2, c_2)}{\partial \hat{\theta}_2}\bigg|_{\hat{\theta}_2=\theta_2\equiv\theta_1}$$

$$+\psi'[e_2(\hat{\theta}_1, \hat{\theta}_2, \theta_2)]\frac{\partial e_2(\hat{\theta}_1, \hat{\theta}_2, \theta_2)}{\partial \hat{\theta}_2}\bigg|_{\hat{\theta}_2=\theta_2\equiv\theta_1} = 0 \qquad (4-24)$$

对比完全契约下的激励相容约束(4－13)式和(4－21)式，我们发现在不完全契约下，类型为 θ_1 的公用事业企业要真实报告自己的类型必须满足：

$$\frac{\partial \phi^{***}(\hat{\theta}_1)}{\partial \hat{\theta}_1}v_2^{***}(\hat{\theta}_1, \theta_2)\bigg|_{\theta_2\equiv\theta_1=\hat{\theta}_1} = 0 \qquad (4-25)$$

(4－25)式意味着我们要么有 $v_2^{***}(\hat{\theta}_1, \theta_2)|_{\theta_2\equiv\theta_1=\hat{\theta}_1} = 0$，要么有 $\frac{\partial \phi^{***}(\hat{\theta}_1)}{\partial \hat{\theta}_1}\bigg|_{\theta_2\equiv\theta_1=\hat{\theta}_1} = 0$，两者必居其一。

拉丰和梯若尔(Laffont and Tirole, 1988)研究中的命题 1 已经在完全契约的框架下严格证明了，若规制机构针对企业在时点 $t=1$ 所报告的(真实)类型而在时点 $t=2$ 企图完全剥夺企业的租金，即 $v_2^{***}(\hat{\theta}_1, \theta_2)|_{\theta_2\equiv\theta_1=\hat{\theta}_1}=0$，规制机构不可能在时点 $t=0$ 设计出最优的规制方案来满足被规制公用事业企业在时点 $t=1$ 真实报告自己的类型。也就是说当 $v_2^{***}(\hat{\theta}_1, \theta_2)|_{\theta_2\equiv\theta_1=\hat{\theta}_1}=0$，即使补贴 $k_1(\hat{\theta}_1, \theta_1)$ 在时点 $t=0$ 可以写进契约，在动态信息不对称情形下显示原理也不再适用。此外，$\frac{\partial \phi^{***}(\hat{\theta}_1)}{\partial \hat{\theta}_1}|_{\theta_2\equiv\theta_1=\hat{\theta}_1}=0$ 意味着规制机构应该以固定的概率 $\phi^{***}(\cdot)\in[0, 1]$ 对所有类型 $\theta_1\in[\underline{\theta}_1, \bar{\theta}_1]$ 的亏损公用事业企业提供补贴，显示原理也不再适用。

综上所述，我们得到引理 2：

引理 2　信息不对称且契约不完全时，我们要么有 $v_2^{***}(\hat{\theta}_1,$

$\theta_2)|_{\theta_2=\theta_1=\hat{\theta}_1}=0$，要么让规制机构以固定的概率 $\phi^{***}(\cdot)\in[0,1]$ 对所有类型的亏损公用事业企业提供补贴 $k_1(\hat{\theta}_1,\theta_1)$，因此显示原理不再适用。

显示原理不适用说明不完全契约时，我们只能得到混同均衡，规制机构和被规制公用事业企业经营者在时点 $t=1$ 面临着时间不一致问题和重新谈判的可能。

混同均衡意味着存在着公用事业企业谎报成本类型的情况。我们假设企业类型不同的两个公用事业企业向监管者汇报了相同的企业类型，其中一个企业谎报了类型。假设类型为 θ'_1 和 θ''_1 的两个企业的报告类型都是 $\hat{\theta}$，获得补贴为 $k_1^{***}(\hat{\theta},\theta'_1)=k_1^{***}(\hat{\theta},\theta''_1)$。为不失一般性，令 $\theta'_1<\theta''_1\leqslant\hat{\theta}$。当 $\hat{\theta}>\theta''_1$ 时，显然有 $k_1^{***}(\hat{\theta},\theta''_1)>k_1^{***}(\theta''_1,\theta''_1)$；当 $\hat{\theta}=\theta''_1$ 时，由包络定理得到 $\partial k_1^{***}(\theta_1,\theta_1)/\partial\theta_1=-q_1^{***}(\theta_1,\theta_1)$，则 $\theta'_1<\theta''_1$ 意味着一定有 $k_1^{***}(\hat{\theta},\theta'_1)>k_1^{***}(\theta'_1,\theta'_1)$ ①，也就是说，$k_1^{***}(\hat{\theta},\theta''_1)>k_1^{***}(\theta''_1,\theta''_1)$ 和 $k_1^{***}(\hat{\theta},\theta'_1)>k_1^{***}(\theta'_1,\theta'_1)$ 两者必居其一。

在时点 $t=1$，当公用事业企业继续经营时，规制机构的目标函数 $\boldsymbol{W}'_1=\boldsymbol{W}_1+\rho\boldsymbol{W}_2$ 是补贴 k_1 的严格减函数，因此规制机构有动机尽可能降低对亏损公用事业企业的补贴。此外，只要企业的补贴 $k_1(\hat{\theta}_1,\theta_1)$ 不至于太大，并保证企业在时点 $t=2$ 的社会福利大于等于 0，规制机构就愿意以概率 $\phi[k_1(\hat{\theta}_1,\theta_1)]\equiv 1$ 提供补贴来避免社会福利损失。对于经营者，只要在时点 $t=2$ 所能获得的租金严格大于其保留效用，也愿意让企业在时点 $t=1$ 继续经营。

基于上述考虑，面对 $k_1^{***}(\hat{\theta},\theta''_1)>k_1^{***}(\theta''_1,\theta''_1)$ 或者 $k_1^{***}(\hat{\theta},\theta'_1)>k_1^{***}(\theta'_1,\theta'_1)$，规制机构有动机和公用事业企业在事后（亏损实现后）进行重新谈判。混同均衡意味着规制机构在时点 $t=1$ 仍然不清楚企业的类型 θ_1，因此重新谈判是不对称信息下的讨价还价。②

① 推导过程为：$k_1^{***}(\hat{\theta},\theta'_1)=k_1^{***}(\hat{\theta},\theta''_1)=k_1^{***}(\theta''_1,\theta''_1)>k_1^{***}(\theta'_1,\theta'_1)$。

② 我们所了解的不完全契约的文献都是在对称信息下的重新谈判（Nash 谈判解或者 Shapley 值），例如：格罗斯曼、哈特和穆尔（Grossman and Hart，1986；Hart and Moore，1990）、阿吉翁和博尔顿（Aghion and Bolton，1992）以及德沃特里庞和梯若尔（Dewatripont and Tirole，1994）等的研究。

由于不对称信息下的讨价还价比较复杂，除非对本书的模型做出非常特殊的假定，否则，我们很难求出重新谈判后公用事业企业所获得补贴 $k_1(\hat{\theta}_1, \theta_1)$ 的具体值，也很难求出重新谈判后公用事业企业所能获得补贴概率 $\phi[k_1(\hat{\theta}_1, \theta_1)]$ 的具体值。但是，我们知道只要补贴 $k_1(\hat{\theta}_1, \theta_1)$ 在时点 $t=0$ 无法写进契约时，一定存在某个(些)真实类型(边际成本)为 $\tilde{\theta}_1$ 的公用事业企业有动机谎报自己类型 $\hat{\theta}_1 > \tilde{\theta}_1$，重新谈判后，该企业在时点 $t=1$ 所能获得的补贴 $k_1^{***}(\hat{\theta}_1, \tilde{\theta}_1)$ 一定严格大于 $k_1^{**}(\tilde{\theta}_1, \tilde{\theta}_1)$。

因此，与补贴 $k_1(\hat{\theta}_1, \theta_1)$ 在时点 $t=0$ 可以写进契约时的情形(即完全契约)相对比，补贴 $k_1(\hat{\theta}_1, \theta_1)$ 在时点 $t=0$ 无法写进契约(即不完全契约)意味着必定存在某个(些)被规制的公用事业企业在重新谈判后能够获得更大的补贴。由此揭示出在不完全契约情形下，部分亏损公用事业企业存在为获得更多补贴以各种理由"要挟"政府的行为。

综上所述，我们得到如下的命题：

命题 3　与补贴 $k_1(\hat{\theta}_1, \theta_1)$ 在时点 $t=0$ 可以写进契约时的情形相对比，补贴 $k_1(\hat{\theta}_1, \theta_1)$ 在时点 $t=0$ 无法写进契约时，至少有一个被规制的公用事业企业在重新谈判后获得更大补贴，从而导致公用事业企业预算软约束的产生。此外，与完全契约时的情况相比，任何类型的企业在不完全契约下所获得的补贴都不会降低。

4.6　本章小结

本章的主体模型是在拉丰和梯若尔(Laffont and Tirole, 1986)的两期动态激励模型基础上增加了政府对亏损公用事业企业的再融资(补贴)变量，并进一步将模型扩展到不完全契约框架下，以解释公用事业企业预算软约束产生的内在根源。

首先，本章在一些简单的模型假设下，论证了当信息是对称时，规制机构的最优规制方案能够让所有的公用事业企业的经营者选择最优的努力水平，并保证经营者不能获得额外租金，且公用事业企业不会出现亏损，因而政府也无需对它们进行补贴。

其次，本章分析了在信息不对称且契约完全情形下，在规制机构的次优规制方案下，部分公用事业企业会存在亏损。研究结论显示，除了最有效(成本类型最低)的公用事业企业的经营者会选择最优的努力水平外，其他类型的公用事业企业的经营者都会出现努力程度不足；除了最无效(成本类型最高)的公用事业企业的经营者不能获得正的租金外，其他类型的公用事业企业的经营者都可以获得正的租金。此时，企业经营者的努力不足，再加上他们所获得的正租金导致了部分公用事业企业将面临亏损。因而，要保证这些亏损的公用事业企业能够继续经营下去，政府需要提供补贴。

在契约完全情形下，只要政府对亏损的公用事业企业的补贴能够在事前写进契约并且在事后被严格执行，显示原理意味着政府所设定的次优规制方案能够实现分离均衡。也就是说，政府的次优规制方案能够促使公用事业企业的经营者汇报真实的成本类型，不会出现瞒报类型以企图获得更多补贴的现象。此时虽然存在政府补贴，但是由于补贴能够根据企业的真实成本类型制定，公用事业企业的预算约束仍然是硬化的，不存在预算软约束。

最后，本章进一步分析了信息不对称且契约不完全情形，此时补贴不能在事前写入契约并在事后被严格执行，证明得出显示定理不再适用。这时，政府只能选择次次优的规制方案，无法实现分离均衡，只能得到混同均衡。混同均衡意味着边际成本低的公用事业企业会谎报自己的成本类型，通过申报较高的成本类型而获得更多的补贴。由于规制机构无法区分公用事业企业的真实类型，又需要考虑公众利益(社会福利)而不能让这类企业破产，规制机构和公用事业企业将会就补贴数额进行讨价还价。本章证明了相对应于完全契约情形，部分亏损的公用事业企业将会通过谎报成本类型而获得更多的政府补贴。由此揭示出公用事业企业的预算软约束的产生机制。

现实的经济社会更倾向于信息不对称且契约不完全情形。一方面规制机构无法了解公用事业企业的真实类型 θ_t，无法观察和证实公用事业企业的经营者的努力水平 e_t；另一方面政府补贴 $k_1(\hat{\theta}_1, \theta_1)$ 不能保证在事前(时点 $t=0$)被写进契约，且在事后(时点 $t=1$)被严格执行。在现实中，存在着公用事业企业隐藏真实成本信息、伪装为高成本类型企业以获得更高政府补贴的行为；也存在着企业经营者隐藏真实的努力程度、将经营性亏损归为政策性亏损从而获得更多租金的行为。同时，规制机构和被规制公用事业企业之间也存在毁约和重新谈判的可能。

本章从微观理论层面刻画了规制机构和公用事业企业之间的策略行为，揭示出在信息不对称且契约不完全情形下，政府的次优规制无法硬化公用事业企业预算约束的内在根源。本章的研究为下一章分析公用事业民营化改革与政府补贴关系，以及第 7 章探讨公用事业改革路径提供了理论依据，从而增加了探讨中国公用事业改革与公共服务供给这个重要议题的科学价值。

第 5 章　公用事业民营化改革与政府补贴：模型分析

本书第 4 章基于数理模型揭示出在福利性规制定价下，当信息不对称和契约不完全时，公用事业企业的预算软约束是如何产生的。本书第 3 章对中国十多年公用事业改革进行了详细梳理，我们知道中国公用事业改革目前仍然处于放松进入规制阶段，2013 年 11 月首次提到了要放松公用事业领域的价格规制。国内以市、县为主的部分公用事业领域的国有企业通过特许经营权制度、股份制改造、发放企业债、项目拍卖等各种方式实现了引入非国有资本，实现了公用事业经营权甚至所有权的民营化。

在此背景下，本章所关注的问题是，当福利性规制定价条件不变时，民营化之后的公用事业企业的预算软约束问题是否能够得到缓解；如果政府在推行公用事业民营化改革的同时，停止或严格控制为民营化之后的公用事业企业提供财政补贴，会产生什么后果。本章将在上一章探讨数理模型的基础上对以上问题进行规范的经济学分析。

5.1　维持原有供给水平无法硬化预算约束

为了和上一章进行区分，在本章的讨论中，我们将称民营化之后的公用事业企业为“公用事业私有企业”。我们假设公用事业私有企业仍然保证原有的公共产品和服务的数量、质量，并且严格履行政府的福利性规制定价。为了简化模型，我们假设公用事业私有企业的经营者和企业所有者是同一个主体。这里的企业所有者是指经济学研究中那些能够获得企业剩余索取权的主体。在特许经营权制度下，私人资本获得了公用事业企业一定时期的经营权，同时也拥有这段时期的剩余索取权，因此假设公用事业私有企业的经营者和企业所有者是同一个主体并不违背现实。

5.1.1　显示原理不再适用

民营化改革之后，在时点 $t=1, 2$，公用事业私有企业的经营者获得收益 p_tq_t，并承担可变成本 c_t；规制机构设定公共产品或服务的价格为 p_t，相应也确定了需求函数 $q_t=Q_t(p_t)$。假设公用事业私有企业一次性支付给规制机构一笔费用 $T_t\geqslant 0$，并且规制机构无需对经营者再支付工资。为简单起见，我们假设税收 T_t 是一次性总赋税，且 T_t 可以在时点 $t=0$ 写进契约，假设规制机构能够观察到公用事业私有企业的利润 $\pi_t|_{私有}$。

值得说明的是，如果 T_t 不是一次性总赋税，将会进一步造成扭曲并恶化被规制公用事业私有企业的预算软约束。直观判断，如果由于公用事业私有企业的在职消费等问题导致规制机构无法观察到被规制企业的利润状况，民营化改革只能进一步恶化公用事业企业的预算软约束问题。因此，我们假设税收 T_t 为一次性总赋税，假设规制机构能够观察到公用事业私有企业的利润，能够减少税收对企业行为的扭曲，并且不考虑私人资本在职消费等问题，而将问题集中为公用事业企业的经营权(所有权)向私人资本过渡，这个改革措施对预算软约束的影响。

由此，我们得到公用事业私有企业的利润函数：$\pi_t|_{私有}=p_tq_t-(\theta_t-e_t)q_t-T_t$，企业经营者的效用函数：$v_t=\pi_t|_{私有}-\psi(e_t)$。

与第 4 章分析公用事业领域的国有企业的情况类似，在福利性规制定价条件下，我们假设在时点 $t=1$，只有当公用事业私有企业利润非负($\pi_1|_{私有}\geqslant 0$)时，企业才可能在没有外部补贴(或再融资)的情形下继续经营；当公用事业私有企业亏损($\pi_1|_{私有}<0$)时，如果规制机构对亏损的公用事业私有企业不提供财政补贴 k_1，企业只能在时点 $t=1$ 破产；当规制机构提供财政补贴 k_1，且满足 $\pi_1|_{私有}+k_1\geqslant 0$ 时，亏损的公用事业私有企业可以继续经营。

将规制机构和公用事业私有企业经营者的行为按时间先后顺序刻画如下：

(1) 在时点 $t=0$，自然决定公用事业私有企业的类型 θ_1，规制机构决定是否投资 k_0。不完全契约条件下，规制机构为了约束公用事业私有企业经营者，设定在时点 $t=1$ 以概率 $\phi[k_1(\hat{\theta}_1, \theta_1)]$ 向亏损的公用事业私有企业提供全额补贴 $k_1(\hat{\theta}_1, \theta_1)$，以概率 $1-\phi[k_1(\hat{\theta}_1, \theta_1)]$ 拒绝支付补贴，概率 $\phi(\cdot)$ 由模型内生决定，满足 $\phi(\cdot) \in [0, 1]$。

(2) 在时点 $t=1$，规制机构承诺一份两期的规制方案 $\{p_t, q_t, \pi_t|_{私有}, T_t\}_{t=1, 2}$，公用事业私有企业经营者选择努力水平 e_1，企业报告自己的类型 $\hat{\theta}_1$ 并申请补贴 $k_1(\hat{\theta}_1, \theta_1)=-\min\{\pi_1(\hat{\theta}_1, \theta_1), 0\}$。

(3) 面对公用事业私有企业申报的补贴 $k_1(\hat{\theta}_1, \theta_1)$，规制机构和企业可能进行重新谈判以决定实际补贴 k_1 的大小。

(4) 重新谈判后，如果公用事业私有企业继续经营下去，在时点 $t=2$，给定规制方案 $\{p_2, q_2, \pi_2|_{私有}, T_2\}$，企业向规制机构报告类型 $\hat{\theta}_2$ 并选择努力水平 e_2。

在时点 $t=2$，给定类型 θ_1 的公用事业私有企业申请的补贴为 $k_1(\hat{\theta}_1, \theta_1)$，记规制机构的次次优规制方案为 $\pi_2^{***}|_{私有}(\theta_2, c_2)$、$q_2^{***}(\theta_2)$ 和 $T_2^{***}(\theta_2, c_2)$。[①]利润 $\pi_2^{***}|_{私有}(\theta_2, c_2)$ 应该满足公用事业私有企业经营者至少获得保留效用，即 $v_2^{***}(\theta_2)=\pi_2^{***}|_{私有}(\theta_2, c_2)-\psi(e_2^{***}(\theta_2)) \geqslant \bar{v}=0$。

其中，$\pi_2^{***}|_{私有}(\theta_2, c_2)$ 和 $T_2^{***}(\theta_2, c_2)$ 分别是政府针对真实类型为 $\theta_2 \equiv \theta_1$ 的公用事业私有企业设定的利润和一次性总赋税，$q_2^{***}(\theta_2)$ 是政府要求公用事业私有企业提供的公共服务数量，c_2 为规制机构在时点 $t=2$ 观察到的企业成本。

综上所述，当补贴 $k_1(\hat{\theta}_1, \theta_1)$ 无法事前（时点 $t=0$）写进契约时，规制机构在时点 $t=0$ 对公用事业私有企业的规制方案可以用以下函数来

① 在一些假设下，我们发现不完全契约下规制机构针对公用事业私有企业和公用事业国有企业的最优规制方案相同。

描述：

$$R_0(\text{incomplete contract}|私有) \equiv \begin{cases} k_0,\ q_1(\hat{\theta}_1),\pi_1|_{私有}(\hat{\theta}_1,\ c_1),T_1(\hat{\theta}_1,\ c_1) \\ q_2(\hat{\theta}_1,\ \hat{\theta}_2),\pi_2|_{私有}(\hat{\theta}_1,\ c_1,\ \hat{\theta}_2,\ c_2),T_1(\hat{\theta}_1,\ c_1,\ \hat{\theta}_2,\ c_2) \end{cases}$$

考虑真实类型为 θ_1 的公用事业私有企业在时点 $t=0$ 的报告类型为 $\hat{\theta}_1$。$\theta_2 \equiv \theta_1$ 意味着在最优规制方案下,公用事业私有企业经营者在两期的保留效用相等,即 $v_2^{***}(\theta_1,\ \theta_2)|_{\theta_2\equiv\theta_1} = \pi_2^{***}|_{私有}(\theta_2,\ c_2) - \psi(e_2^{***}(\theta_1))$。

当类型(边际成本)为 $\theta_1 > \chi^{**}$ 的公用事业私有企业在时点 $t=0$ 报告自己的类型为 $\hat{\theta}_1$,该企业经营者在时点 $t=2$ 的努力程度是 $e_2^{***}(\hat{\theta}_1)$,所能获得的利润是 $\pi_2^{***}(\hat{\theta}_1,\ c_2)$,所能获得的效用是 $v_2^{***}(\hat{\theta}_1,\ \theta_2)|_{\theta_2\neq\hat{\theta}_1} = \pi_2^{***}|_{私有}(\hat{\theta}_1,\ c_2) - \psi[e_2^{***}(\hat{\theta}_1)]$。

类型(边际成本)为 θ_1 的被规制公用事业私有企业经营者在时点 $t=0$ 报告自己的企业类型(边际成本)为 $\hat{\theta}_1$ 可以使得其在时点 $t=2$ 的期望效用从 $\phi^{***}(\theta_1)v_2^{***}(\theta_1,\ \theta_2)|_{\theta_2\equiv\theta_1}$ 变为 $\phi^{***}(\hat{\theta}_1)v_2^{***}(\hat{\theta}_1,\ \theta_2)|_{\theta_2\neq\hat{\theta}_1}$。因此,我们希望企业类型(边际成本)为 θ_1 的被规制公用事业私有企业经营者在时点 $t=0$ 报告自己的真实类型(边际成本) $\theta_1=\hat{\theta}_1$。在时点 $t=1$,被规制公用事业私有企业经营者的激励相容约束为：

$$\begin{aligned} & v_1(\theta_1,\ \theta_1) + \rho\phi^{***}(\theta_1)v_2^{***}(\theta_1,\ \theta_2)|_{\theta_2\equiv\theta_1} \\ \geqslant\ & v_1(\hat{\theta}_1,\ \theta_1) + \rho\phi^{***}(\hat{\theta}_1)v_2^{***}(\hat{\theta}_1,\ \theta_2)|_{\theta_2\equiv\theta_1\neq\hat{\theta}_1} \end{aligned} \quad (5-1)$$

下面,将(5-1)式与(4-23)式中的时点 $t=1$ 被规制公用事业国有企业经营者的激励相容约束作对比,我们发现两个激励相容约束完全等价。因此,基于相同的逻辑,我们发现在不完全契约下,显示原理对公用事业私有企业的动态规制也不适用。

5.1.2　政府最优规制方案与改革前相同

显示原理不再适用意味着规制机构和被规制的公用事业私有企业在

时点 $t=1$ 有可能会出现重新谈判。下面我们将证明，当公共服务产品或服务的福利性规制定价、产品数量和质量都不改变的情况下，民营化改革无法缓解公用事业企业预算软约束现象。

当被规制公用事业私有企业的利润 $\pi_t|_{私有}$ 可以被规制机构所观察时，对比不完全契约条件下的规制机构在时点 $t=0$ 对公用事业国有企业的规制方案 R_0(incomplete contract|国有) 和对公用事业私有企业的规制方案 R_0(incomplete contract|私有)，我们发现唯一的区别是规制机构可以对被规制公用事业国有企业经营者设定工资 w_t，对被规制的公用事业私有企业设定利润 π_t(私有) 和一次性总赋税 T_t。

如果公用事业私有企业在时点 $t=1$ 亏损，且规制机构不提供财政补贴或再融资 k_1，此时公用事业私有企业只经营一期，规制机构在时点 $t=1$ 的目标函数就是社会福利函数 W_1。因此，我们有规制机构在时点 $t=1$ 的目标函数为：

$$W_1=\int_{\underline{\theta}_1}^{\bar{\theta}_1}[V_1(q_1(\theta_1))-p_1(\theta_1)q_1(\theta_1)]d\theta_1+\alpha\int_{\underline{\theta}_1}^{\bar{\theta}_1}[-k_0+T_1(\theta_1)]d\theta_1 \tag{5-2}$$

当在时点 $t=1$ 公用事业私有企业利润非负 ($\pi_1\geqslant 0$) 时，毫无疑问企业可以继续经营下去；当在时点 $t=1$ 公用事业私有企业利润为负 ($\pi_1<0$) 时，企业出现亏损，这时只有得到规制机构的财政补贴(再融资) k_1，企业才能继续经营。由于假设公用事业私有企业利润可观察，财政补贴 k_1 只需满足 $\pi_1+k_1=0$ 即可。

如果公用事业私有企业在时点 $t=1$ 可以继续经营下去，那么，规制机构在时点 $t=1$ 的目标函数变为：

$$W_1'=W_1+\rho W_2$$

其中 W_2 为规制机构在时点 $t=2$ 的社会福利函数，W_2 满足：

$$W_2=\int_{\underline{\theta}_1}^{\bar{\theta}_1}\left\{\int_{\underline{\theta}_2}^{\bar{\theta}_2}[V_2(q_2(\theta_1,\theta_2))-p_2(\theta_1,\theta_2)q_2(\theta_1,\theta_2)]f_2(\theta_2)d\theta_2\right\}f_1(\theta_1)d\theta_1$$

$$+\alpha\int_{\underline{\theta}_1}^{\bar{\theta}_1}\int_{\underline{\theta}_2}^{\bar{\theta}_2}[-k_1+T_2(\theta_1,\theta_2)]f_2(\theta_2)d\theta_2 f_1(\theta_1)d\theta_1 \quad (5-3)$$

将公用事业民营化改革之后的规制机构的目标函数(5－2)式和(5－3)式，与公用事业民营化改革之前的规制机构的目标函数(4－1)式和(4－3)式进行对比，我们可以得到命题 4：

命题 4　不完全契约下，假设规制机构能够观察到民营化改革之后的公用事业私有企业的利润 $\pi_t|_{私有}$，且公用事业私有企业的一次性总赋税 T_t 满足 $\pi_t^{***}|_{私有}=p_t^{***}q_t^{***}-(\theta_t-e_t^{***})q_t^{***}-T_t^{***}=w_t^{***}$，规制机构对公用事业私有企业的最优规制方案 $R_0^{***}|_{私有}$ 和对公用事业国有企业的最优规制方案 $R_0^{***}|_{国有}$ 完全等价。

综上所述，在公用事业私有企业的利润 $\pi_t|_{私有}$ 能够被观察到以及公用事业私有企业需要支付一次性总赋税 $T_t\geqslant 0$ 两个假设下，我们发现就预算软约束的程度来看，民营化改革之后的公用事业私有企业和之前国有企业完全相同。

在前一小节，我们论述了如果公用事业私有企业的利润不可观察，或者税收结构不是一次性总赋税，民营化之后的公用事业私有企业的预算软约束只能比改革之前的国有时进一步恶化。原因很简单，当公用事业私有企业的利润不可观测时，企业可以伪装成高成本以申请更高补贴；当赋税不是一次性的，政府只能对公用事业私有企业征收扭曲性的税收。东欧和前苏联进行了大规模的私有化和政治体制改革，国有企业在私有化之后并没有就此消除预算软约束，政府依然对企业进行着各种财政支持①，本节在一定程度上解释了这种现象。

由此，我们论证了在福利性规制定价下，当民营化改革之后的公用事业私有企业必须保证原有的公共产品和服务的数量、质量水平时，民营化改革不能缓解公用事业企业的预算软约束问题。下面我们将讨论，如果政府在推行公用事业民营化改革的同时，停止或严格控制为民营化之后的公

① World Bank. *The World Development Report* 1996: *From Plan to Market*[M]. Oxford and New York: Oxford University Press, 1996: 45.

用事业企业提供财政补贴,会产生什么后果。

5.2 硬化预算约束难以保证原有供给水平

在上一小节,我们论证了假若民营化改革之后的公用事业私有企业在福利性定价下仍然提供与改革前相同数量和质量的公共产品和服务,那么规制机构对公用事业私有企业所能制定的最好的规制方案和对原国有企业的相同。也就是说,在不完全契约下政府对公用事业私有企业的最优规制方案仍然无法实现分离均衡,民营化改革之后的公用事业企业的预算软约束问题不会得到改善,而且只能变得更糟糕。

下面我们将讨论一个更加贴近现实的问题,即不仅政府补贴无法在事前被写进契约、事后被严格执行,公共产品或服务的数量和质量也同样不能保证事前写入契约、事后被严格执行。因而,现实中的公用事业私有企业很有可能在事后 $(t=1)$ 不履行或部分履行政府的规制合约,以缩减数量、降低质量,甚至变相提价等方式谋利。

在公用事业领域,当政府对公用事业产品或服务的有效质量监管缺失时,私有资本天然的逐利行为有可能会导致对公共利益的忽视。公用事业的福利性规制定价缩减了公用事业私有企业的盈利空间,当政府监管无法全面严格地落实到包括公用事业产品或服务输出质量等各方面时,如果政府单方面硬化公用事业私有企业的预算约束,则无疑会加重企业牺牲社会福利的谋利行为。英国铁路网在私有化改革后的事故频发就是这样的一个典型案例。

英国于 1994 年开始实施铁路改革法案,到 1997 年完成。法案将铁路分拆为 1 个全国性路轨公司、25 个客运公司、6 个货运公司、3 个机车车辆租赁公司以及多家设备改造维修公司,原国家铁路公司被 120 多家私营企业取代。从 1997 年到 2002 年 5 年期间,接连发生了 13 起严重事故,其中造成重大伤亡的事故就有 7 起,导致 59 人死亡,数百人受伤。Discovery 栏目组制作了一部灾难调查纪录片,其中特别详细介绍了 1999 年英国伦敦火车相撞事故。1999 年 10 月 5 日，两列火车在拉德布鲁克相撞，事故发生地位于伦敦城外的帕丁顿站，有 31 人在事故中丧生。该节目揭示出在两年前(1997)同一路段也发生过相似的火车相撞事故，并且这两次事故的根本原因都不是先前认定的司机超速，而是本应该统一经营的公共铁路被分别包给两个不同的私有企业，负责信号系统和运输的公司之间缺乏沟通。该节目还透漏了一个让人深思的细节，私有化后的泰晤士列车公司在 1997 年的事故发生之后，对新一代的安全报警系统进行成本核算，认为更新火车事故防御系统的费用大于事故发生后的赔偿，因而搁置了更新计划。泰晤士列车公司追求经济回报而忽视公共利益，宁可进行事故后的伤亡赔偿，也不愿意进行安全系统改造，使得原本能够避免的火车相撞事故再次悲剧重演。

由于事故频发，英国铁路私有化改革最终以政府重新收回国有而结束。2001 年 6 月政府拒绝了路轨公司追加补贴的请求，同年 10 月决定对该公司强制破产，由政府指定的管理部门接管。2003 年 10 月英国政府决定由有政府背景的"铁路网"(Network Rail)公司，从私营承包者手中收回所有铁路维护权，在 2004 年完成该计划。①

与英国铁路私有化改革相类似，中国部分地方政府所推行的公交系统民营化改革也陷入了私人资本过度强调节约成本而忽视公众利益的尴尬境地。不少学者和媒体在总结部分城市公交系统民营化改革时，将其直接评价为"失败"。湖北十堰市公交民营化改革的 5 年间，共发生了 4 起大规模停运事件，其中的关键矛盾是民营公司追求成本最小化而克扣普通司机、乘务员的工资，据报道，有司机辛苦一月后只拿到了 11.82 元。长沙市公交实行民营化后，司乘人员的工资奖金都和公交车的收入挂钩，于是很多公交车都不愿意搭载那些手持红色免费乘车优待证的老年人。还有，合肥市公交系统民营化后，司乘人员为了在公司限定的时间内跑完每一趟车，往往采取违章、超速、闯红灯等非常手段，以至于在 2007 年前 5 个月造

① 高梁.英国铁路私有化改革失败的启示[EB/OL].新浪财经，2006－06－02. http://finance.sina.com.cn/economist/jingjixueren/20060602/08312618767.shtml.

成了11位市民的死亡。由此可见，当有效的质量监管缺失时，民营化改革之后的公交系统所提供的公共服务质量急速下降。十堰市、合肥市等地方政府迫于无奈，在经历了几年民营化改革尝试之后又收回了公交系统的特许经营权，转为国有企业运营。

公用事业私有企业作为"理性经济人"，在投资决策、经营策略中首先进行自身的收益成本分析比较，不会将公众的利益放在首位。如果政府一方面制定了较为严格的福利性规制定价，例如老年人乘公交能够免票，另一方面又不提供或少提供相应的财政补贴，那么在有效的质量监管缺失的背景下，公用事业私有企业一定会通过降低公共产品或服务质量或数量来控制成本和谋求利润。这将直接导致对普通群众特别是弱势群体利益的忽视。因此，我们必须认识到，如果公用事业民营化改革之后，政府单方面硬化对公用事业私有企业的财政补贴，即使政府能够依靠行政力量控制住公共产品或服务的价格，也必然意味着公用事业私人企业在公共产品或服务的质量或数量上大打折扣。也就是说，对于那些在福利性规制定价下的公用事业领域，私人资本经营未必能够提高效率。

5.3 本章小结

正如本书第3章所阐述的，自2001年中国真正开启公用事业领域的国有企业改革之后，中国绝大多数市、县的公用事业市场化改革基本是以民营化为主导的。地方政府推广公用事业民营化的一个主要目的就是缩减财政补贴。本章基于第4章的理论模型，分析在福利性规制定价条件下，民营化之后的公用事业企业的预算软约束产生机制是否发生变化，并且讨论地方政府停止或严格控制为公用事业私有企业提供财政补贴，会产生什么后果。

在本章的模型中，规制机构不再需要给公用事业私有企业的经营者提供工资，公用事业私有企业需要给规制机构提供一次性总赋税，并且公用事业私有企业的利润可观察。我们发现，基于以上假设，在福利性规制等价下，如果要求公共产品或服务的数量和质量不变，民营化之后的公用事业企业经营者的激励相容约束与改革之前公用事业国有企业经营者的完全等价。在信息不对称且契约不完全情形下，显示原理同样不再适用。进一步，本章论证了规制机构对公用事业私有企业的最优规制方案 $R_0^{***}\mid_{私有}$ 和对公用事业国有企业的最优规制方案 $R_0^{***}\mid_{国有}$ 完全等价。

基于第 4 章的分析，政府此时的最优规制方案，无法实现分离均衡，只能得到混同均衡，存在着公用事业私有企业与规制机构重新谈判的可能性。由此可以判断在福利性规制定价条件下，如果要求公共产品或服务的数量和质量不变，政府对公用事业私有企业最好的规制方案只能和对原领域的国有企业一样，公用事业私有企业的预算软约束产生机制与原领域国有企业相同。因此，民营化改革不可能硬化公用事业企业的预算软约束问题。并且，如果放松模型中有关企业利润可观察和一次性总赋税的假设，民营化之后的公用事业企业的预算软约束问题只能更加糟糕。

在现实中，英国铁路私有化改革，十堰市、长沙市和合肥市的公交民营化改革等一系列民营化改革失败案例向我们揭示了另外一种可能，即如果政府硬化了财政补贴约束，公用事业私有企业将会缩减公共产品或服务的数量和质量。规制价格和政府补贴就如同跷跷板的两端，当政府的规制价格被压低到不能弥补营运成本时，政府需要提供财政补贴以保障公用事业企业正常运作。如果此时政府的财政补贴不到位，“跷跷板”必然要破裂，在现实中的直接反映就是公共产品或服务数量和质量的下降。本书第 6 章将基于第 4 章和第 5 章的数理模型分析结果，详细讨论目前中国部分公用事业市场化改革失败的原因。

这里，需要特别指出的是，本章主要探讨的是福利性规制定价范畴下的公用事业民营化改革问题，并不涉及竞争性领域可盈利的公用事业民营化改革。综合来看，对处于福利性规制定价下的公用事业国有企业来说，民营化改革并不是一个非常好的选择。

第6章　中国部分公用事业改革陷入困境的原因分析

自2001年中国真正开始探讨公用事业领域的国有企业改革，已经过去了十多年。这场以民营化为主的中国公用事业市场化改革的成绩究竟如何，是众多学者普遍关心的问题。基于已有的研究，我们可以肯定中国公用事业改革从整体上来看取得了一定成绩。但是同时我们也需要意识到，中国部分地区的部分公用事业的民营化改革已经陷入了困境，有的已经无奈地返回到改革之初的国有模式。本章将基于上两个章节的数理模型的分析结果，对中国公用事业改革已经取得的成绩进行评价，并且探讨为什么中国部分地区的部分公用事业民营化改革会以失败告终。

6.1　中国公用事业改革成绩评价

6.1.1　中国公用事业市场化改革成绩显著

中国公用事业第一阶段的改革（1993～2001）推动了国内公用事业"去行政化"，第二阶段的改革（2001～2010）放松了公用事业领域的市场准入规制，第三阶段的改革（2010年至今）持续放松准入规制、探索性放松价格规制。随着我国公用事业改革进程的推进，各种指标显示中国公用事业部门的改革在整体上确实取得了很大成绩，具体表现为公用事业领域供给主体增多，供应水平普遍增长，运营效率和服务水平提高。

第一，公用事业部门供给主体呈现多元化。

从目前掌握的数据来看，在“去行政化”和准入规制放松的共同作用下，国内公用事业部门供给主体呈现出事业单位、国有企业、民营企业、外资企业和港澳台资企业共存的局面。从全国范围来看，在电力、热力领域私人控股资产占比已经从 2004 年的 1.8%上升为 2010 年的 14.52%；水务行业私人控股资产占比也从 2004 年的 1.73%上升为 2010 年的 13.87%。①

王俊豪等(2013)以问卷调查的形式对全国绝大多数城市的 937 家水务企业、585 家燃气企业和 332 家垃圾处理企业进行调研，结果显示，私人资本已经不同程度地进入到这三个公用事业领域，并且在城市管道燃气行业成为主要供给力量(如表 6－1)。② 调查还显示，尽管外资和港澳台资公用事业企业的数量占比普遍不高，但是企业规模却处于中等偏上水平，因此不能小觑其市场竞争力。例如，被调查的外资和港澳台资的水务企业的平均资产分别为 6 892 万元和 6 481 万元，仅次于国有及国有控股企业，与之相比，民营水务企业的规模要小很多，其平均资产仅为 1 214 万元(详见本书第 3 章表 3－1)。

表 6－1　问卷调查的公用事业企业类型占比

行　业	事业单位	国有及国有控股	民营企业	外资企业	港澳台资企业	其他
水务行业	10.98%	55.22%	19.59%	4.09%	2.80%	7.32%
管道燃气	2%	27%	41%	12%	9%	9%
垃圾处理	42.7%	32.6%	13.7%	3.3%	2.0%	5.9%

资料来源：根据王俊豪等(2013)的第 152 页、220 页和 278 页的相关研究数据整理。

第二，公用事业供给水平普遍增长。

在市场化改革推动下，中国公用事业部门已经基本改变了原来长期供

① 根据《中国统计年鉴》(2005、2009、2011)的相关数据整理。

② 王俊豪等(2013)没有单独列出合资企业。据笔者判断，是将国有绝对控股的合资企业和国有企业合并统计，而将国有参股的合资企业计入外资企业。

给不足的局面，各项指标显示公用事业供给水平有了很大提高。如表6－2所示，铁路线路长度已经由1990年的5.3万公里发展到2000年的6.87万公里，2012年达到9.76万公里；城市的供水普及率大幅度提高，从1990年不到50%发展为2000年的63.9%，2012年实现了97.2%；城市供气管道长度从1990年的2.4万公里增长为2000年的8.9万公里，2012年为38.9万公里。公交车数量和城市地铁轨道长度也大幅增加，居民出行条件有了进一步改善。

表6－2 中国城市公用事业历年总体发展情况对比

重要指标(单位)	1990年	1995年	2000年	2006年	2008年	2010年	2012年
城市用水普及率	48%	58.7%	63.9%	86.7%	94.7%	96.7%	97.2%
城市供气管道长度(万公里)	2.4	4.4	8.9	18.9	25.8	30.9	38.9
城市集中供热面积（亿平方米）	2.1	6.5	11.1	26.6	34.9	43.6	51.8
城市排水管道长度（万公里）	5.8	11.0	14.2	26.1	31.5	37.0	43.9
年末公共交通运营数（万辆）	6.2	13.7	22.6	31.6	37.2	38.3	43.2
全国铁路营业里程(万公里)	5.3	5.4	6.87	7.71	7.97	9.12	9.76
水库库容量（亿立方米）	4 660	4 797	5 184	5 842	6 924	7 162	7 211

资料来源：根据历年《中国统计年鉴》整理，“铁路营业里程”即铁路的运输线路长度。

第三，公用事业部门经营效率和服务水平得到提高。

放松准入规制引入私人资本的直接影响是，公用事业市场化的供应主体大幅增加以及供给水平的普遍提高。在市场竞争的影响下，中国公用事业部门的运营效率、服务能力和保障水平也得到了相应的提高。王俊豪等(2013)通过建立指标体系对被调研的水务、燃气和垃圾处理企业的经营效率进行评估，结果显示民营化改革不同程度地刺激提升了这三类企业的经营效率和服务水平。王芬和王俊豪(2011)基于1990～2009年的相关数据检验了民营化改革对中国水务行业的影响，结果显示民营化对增加城市水务产业供水总量和利润均有显著影响。王宏伟等(2011)基于中国35个城市数据进行实证研究，发现私人资本的进入显著提高了供水行业的综合生产能力和用户普及率。

6.1.2 是所有制性质还是市场竞争促使公用事业经营效率改善?

诚然经营效率和服务水平的提升是这场以民营化为主的中国公用事业改革取得的显著成绩。但是,究竟经营效率和服务水平的改善动力来自"民营化"制度本身,还是来自改革所刺激的市场化竞争,是需要严肃讨论的问题,也是学者们关注的焦点问题。

由于公用事业领域的国有企业往往要承担普遍服务供给等政策性任务,因而将公用事业国有企业和公用事业私有企业的人均生产率、总资产贡献率等指标进行简单对比,不足以揭示出私人资本比国有资本更具效率。以现有的经济学规范研究来看,理论界并没有就公用事业运营效率提升的动力来源达成共识。

萨瓦斯(Savas, 1977)建议人口超过50 000的城市将垃圾处理业务外包给私人企业,这样做可以降低垃圾处理的成本。史蒂文斯(Stevens, 1978)进一步指出垃圾处理行业中,私有企业的劳动生产率要高于公有企业,并且两者之间的差距随着城市规模的扩大而增加。然而,也有大量文献得出与此截然相反的结论。普赖克(Pryke, 1982)指出尽管国有企业在20世纪70年代经济绩效不佳,但同时期的私有企业经济绩效也不尽如人意。福赛斯(Forsyth, 1984)对英国航空业的研究表明,企业所有权和企业的市场结构是两个需要分开讨论的问题;对于航空公司和机场来说,政府所面临的首要问题是如何通过管制来限制它们的垄断势力,从而实现改善其生产效率和配置效率的目的。哈特利和于比(Hartley and Huby, 1985)也认为政府将公共服务产品外包后能否降低企业的经营成本与政府是否引入竞争性投标机制有关。

哈斯克尔和希曼斯基(Haskel and Szymanski, 1992)指出尽管私有化可以通过降低工资率和雇佣工人数来降低企业的单位劳动成本,但私有化却未必能够提高企业的劳动生产率。马丁和帕克(Martin and Parker, 1997)指出,统计学还没有令人满意的证据来支持发展中国家的公有企业的技术效率低于和它们同等经营规模的私有企业。马丁和帕克(Martin and Parker, 1997)进一步指出私有企业通常具有更高的盈利率和更快的增长速度。然而,这其中的因果关系是企业的增长和盈利所带来的私有化,而不是私有化所导致的企业增长和盈利。

从逻辑上讲,如果民营化甚至私有化制度本身决定了私人资本运作公用事业比国有资本更有效率,那么中国目前以民营化为主的公用事业改革方向就不存在问题。然而,如果在公用事业领域,民营化制度本身并不一定比国有资本更有效率,公用事业企业经营效率和服务水平改善的动力来自私人资本激活的市场竞争,那么今后中国公用事业改革的方向就不应该以民营化为主,而应该以丰富供给主体、刺激市场竞争为主。

本书第 4 章和第 5 章的主要工作是证明了对于面临福利性规制定价需要财政补贴才能正常运作的公用事业企业来说,所有制性质并不影响政府出于最大化社会福利目的而制定的最优规制方案。如果假设该领域公用事业国有企业和私有企业的供给水平相等,两种类型的公用事业企业的预算软约束水平也相同。如果放松一些假设条件,公用事业私有企业的预算约束问题只会更加严重。因此,不能认为私人资本在运营面临福利性规制定价的公用事业领域更具效率。对于该领域来说,必须依靠刺激市场竞争来实现经营效率和供给水平的提升。

理顺了这个逻辑关系,有助于修正中国的公用事业市场化改革方向。本书第 7 章将重点讨论中国公用事业的市场化改革路径。

6.2 中国公用事业市场化改革存在的误区

一个国家的公用事业要肩负普遍服务任务、满足社会公众利益等责任,在公共事业领域往往存在着市场失灵,这就决定了不能完全依靠市场来提供所有的公用事业。自 2001 年中国尝试公用事业领域的国有企业改革以来,以市、县为单位的部分公用事业领域的国有企业通过特许经营权制度、股份制改造、发放企业债、项目拍卖等各种方式实现了引入非国有资本,实现了公用事业经营权甚至所有权的民营化。改革并非一帆风顺,部分地区的部分公用事业市场化改革陷入困境，原来走在改革前列的城市，开始收缩公用事业改革，出现了"回购"、经营期满不再续约等现象，"民营化"一度被媒体和部分学者质疑。

总体来看，中国公用事业市场化改革存在以下误区。

6.2.1　公用事业市场化改革不能简单等同于"民营化"或"私有化"

"民营化"和"私有化"在概念上有着非常大的区别。"民营化"是指将公用事业企业的一定时间内的经营权归于私人资本，该企业的所有权最终仍然归属于国有。"私有化"则是指公用事业企业的所有权也属于私人资本。从中国市政公用事业市场化改革实践来看，以 BOT 模式、LBO 模式和 BTO 模式为代表的"民营化"改革，以及以 BBO 模式和 BOO 模式为代表的"私有化"改革同时存在。①

现有的大量文献研究表明，学者们对公用事业企业经营效率改善的动力来源还没有达成一致的认识。本书的第 4 章和第 5 章证明了对于那些处于福利性规制定价的公用事业领域来说，私人资本并不比国有资本更具效率。因此，中国的公用事业市场化改革并非是要解决经营权或产权由谁占有的问题，而是要通过丰富供给主体来刺激市场竞争，从而提高公共产品和服务的供给水平、提升运营效率，实现提高社会福利、维护公共利益的目标。

部分地方政府在强烈的经济目标驱动下，将解决财政压力放在首位，把公用事业市场化改革作为"甩包袱"的手段，对部分市政公用事业的产权或控制权"一卖了之"。公用事业从国有企业垄断转变成为私有企业垄断，私人资本对国有资本完全"替代"，是从一个极端走向另一个极端。刺激竞争是市场化改革的关键。基于本书第 5 章的分析，如果竞争机制缺失，即使公用事业被"民营化"或"私有化"了，在福利性规制定价环境下，非但不会改变企业的预算软约束问题，而且还可能带来产品或服务质量下降等问题。

① 本书第 2 章 2.4 节对 BOT 模式、LBO 模式等进行了详细解释。

6.2.2 公用事业市场化改革并不意味着国有企业必须退出

公用事业无论对于普通消费者还是企业生产者都属于“必需消费品”。市场化改革不能改变公用事业的基础性、公共性等基本属性,普遍服务仍然是社会发展的基本要求。考虑到公共物品提供往往存在着市场失灵,政府有必要参与到公用事业建设中。另一方面,正如高明华(2007)所指出的,国有企业的本质属性即公共性,“国有企业存在的原因就是公共性,甚至可以说,公共性是国有企业存在的唯一原因”。[①]也就是说,国有企业如果一定要存在,就必须肩负起公用事业建设的重要任务,否则国有企业就没有存在的理由。

因此,在市场机制无法顺利解决公共服务供给与需求矛盾时,比如高成本低收益的公用事业领域,政府具有不可推卸的责任,国有企业不能盲目退出公用事业领域。

6.2.3 地方政府对公用事业的质量监管不到位

中国部分地方政府在引导私人资本替代国有资本、实现公用事业民营化过程中,忽略了政府在公用事业质量监管方面的重要作用,没有认识到私人资本的逐利行为会带来的问题。私人企业作为“理性经济人”在项目投资时首先是出于自身成本收益的考虑,而不是出于公众利益的考虑,这有可能直接导致对普通群众特别是弱势群体利益的忽视。以城市公交系统为例,我国部分地区公交系统民营化改革之后,出现了拒载可以免票的老年人、抢热门线路而不走居民较少的“冷线”等各种问题。

OECD(2007)介绍了各成员出于环境、安全、健康和保护消费者的考虑,在放松准入规制和价格规制的同时,加强对公用事业产品或服务的质量监管。多数成员国家认为,准入规制和价格规制的放松刺激了市场竞争程度,也改变了质量监管的任务。结合组织各国需要实施更为灵活的质量

① 高明华.国有企业是做什么的[J].经济学茶座,2007(4).

监管措施，例如在不同层面制定质量标准，更侧重于监管企业的产出或结果而非投入，等等。

因而，在中国公用事业市场化改革实践中，为了避免私人资本单纯的逐利行为，政府必须肩负起质量规制的重任，把居民的公共利益放在首位。对公用事业产出或服务质量的监管，能够促使企业减少片面过度追求低成本高收益的动力。

6.2.4　财政补贴缺失或不足导致民营的公用事业企业步履艰难

本书第 4 章和第 5 章的分析显示出，对于福利性规制定价下的公用事业企业来说，国有资本的退出并不能解决企业的预算约束问题，政府最优规制方案中最优财政补贴不能减少。根据本书的规范经济学分析，我们可以认识到对于面临福利性规制定价中的公用事业企业来说，政府补贴和规制价格就如同跷跷板的两端。当规制价格较低时，政府补贴应该较高；当规制定价较高时，政府补贴可以有所降低。只有这样才能保证此类公用事业企业能够正常经营。

然而，中国部分市、县政府在放松公用事业准入门槛、通过特许经营等各种手段实现了公用事业的民营化之后，一方面减少或完全切断对民营化的公用事业企业的财政支持，另一方面公用事业产品或服务价格被严格控制在一个较低的层面。地方政府既能够甩开财政补贴的包袱，又能够确保改革没有引起公用事业领域价格上涨。然而，这种情况下的公用事业企业就需要应对“又要马拉车干活，又要马不吃草”的矛盾境况。其结果大概有两种，一种是民营化之后的公用事业企业降低产品质量或数量，另一种就是私人资本的黯然退出。湖北十堰公交车民营化改革最终走向终结的案例揭示了中国部分民营公用事业企业面临的普遍问题，即面对福利性规制定价政府财政补贴的缺失或不足。

6.2.5　地方政府区别对待公用事业领域的国有资本和私人资本

除了减少甚至切断对公用事业私有企业的财政补贴之外，在国内还存在这样一种情况,地方政府对相同公用事业领域的国有企业提供各种政策支持,而对相同领域同样承担公共服务任务的私人资本“能不管就不管、能少管就少管”。如果对面临福利性规制定价下的私人资本少提供或不提供政府补贴,是因为地方政府要缩减财政支出,那么只为同一领域的国有资本提供补贴,则显示了地方政府对私人资本的歧视。

正如本书第5章所揭示的,在福利性规制定价下,政府对公用事业私有企业的最优规制方案等同于对公用事业国有企业的。不公平的歧视性补贴政策直接导致不公平的市场竞争,私人资本的合法利益没有得到保护。本章最后的两个案例直接反映出此问题的严重性。

安徽省舒城县干汊河镇的民营水厂逐渐走向困顿的一个主要原因是价格上涨的压力。干汊河镇民营水厂在建设之初获得地方政府60万元的一次性财政补贴,之后完全依靠私人资本运作经营;然而随后建设的国有水厂却能够每年获得地方政府可观的财政补贴。在财政补贴支持下国有水厂的水价低于民营水厂的平均成本,民营水厂进退两难。湖北十堰公交车民营化失败之后,重新回归国有控股的公交公司在公交场站土地划拨、财政补贴、购车资金等多个方面都获得了地方政府的大力支持。在公交公司民营期间,政府以防止企业垄断为由拒绝履行当初承诺的“取消中巴、发展大公交”城市发展策略,然而在重回国有控股之后不久,十堰市的中巴开始陆续被淘汰,并最终于2012年初完全退出市场。这些都是民营的公交公司连续多年都要不来的优惠政策。

案例专栏

案例一：地方政府“厚此薄彼”，民营水厂陷入困境

干汉河镇位于安徽省舒城县，为舒城县第二大镇。由于缺乏自来水厂，多年来当地居民一直受饮水问题困扰，发病率远高于安徽省平均水平。为解决这一问题，1996 年当地人代会全票通过筹建自来水厂，然而负债累累的镇财政无力承担投入费用，提议一度搁置。

1. 地方政府一次性补贴 60 万，私人资本兴建水厂

干汉河镇于 2001 年决定采取公用事业民营化的做法来兴办水厂。具体方案是：政府提供一次性补贴，按照“要政府补贴最少者中标”原则进行招标，自来水厂永久归建设者所有，政府只对水价和水质进行监管。

浙江、安徽等地有 5 家公司参与竞标。最终，建筑商汪昌彪以 60 万元一次性政府补贴的最低价成功取得了干汉河镇自来水厂建设及运营特许权，汪昌彪个人出资 200 余万元。2002 年 6 月，自来水厂开始试运行，日供水能力 1 000 吨，极大解决了当地百姓吃水难的问题。在当时，此举不仅得到了政府的积极支持，还赢得了百姓的广泛好评。2004 年干汉河镇“小城镇公益事业改民营”项目获得了第二届“中国地方政府创新奖”的最高奖。

2. 政府新建水厂在财政补贴下维持低价，民营水厂陷入困境

十年之后，地方政府已经摆脱了先前拮据的财政状况，开始力主实施由政府财政支持的公用事业。2010 年，地方政府在干汉河镇新建的新街水厂开始投入使用。此项工程作为政府财政支持的民生工程，得到了地方政府提供的大量财政补贴。新水厂的水价定为每吨 1.8 元，比汪昌彪自来水厂的价格便宜 0.5 元。这使得民营化的自来水厂增加了价格压力。

汪昌彪对《瞭望新闻周刊》的记者诉说道：“政府给新水厂投入了五六百万元，而我的水厂是个人资金维持经营，如果按照 1.8 元每吨的水价，根

本无法运营下去。"随着用水人数的增加,汪昌彪面临着水厂扩容的压力,但是资金紧张又让他寸步难行。因此,汪昌彪希望政府能够把水厂买下来或者给些补贴。

3. 地方政府换届,人走茶凉

随着地方政府领导班子的换届,当地政府对这家民营自来水厂的关注度也远不如从前。中央编译局比较政治与经济研究中心研究员高新军曾于2004年、2008年先后两次前往干汊河镇实地调研。据高新军表示,当2008年与干汊河镇政府进行座谈,探讨当年的公用事业民营化制度创新时,参与座谈的新领导班子表现出的淡漠"给人有或如隔世之感"。事实上,自2004年前镇党委书记离开干汊河镇之后,民营水厂的事情就很少有人关心了。

此案例由相关新闻报道改写。程士华.公用事业市场化的乡镇探索[J/OL].瞭望新闻周刊,2012(4).http://theory.gmw.cn/2012-04/12/content_3954818.htm.

案例二:地方政府"甩包袱",十堰公交民营化搁浅

尽管每年都有550万元的财政补贴并免交各项税费,湖北省十堰市原公交汽车总公司截至1998年仍然累计亏损2 700万元。2002年,十堰市政府决定试点公交集团民营化改革。2003年3月24日,张朝荣的温州市五马汽车出租公司与十堰市政府正式签订股权收购协议。2003年5月,十堰市建设局和民营公交公司签订特许经营合同。双方都对此次民营化改革寄予厚望,此举使十堰成为全国第一个公交事业全面民营化的城市。

1. 签约时双方的承诺

按照协议,张朝荣以2 320万元的价格收购十堰公交的所有资产;新公司挂牌后,温州市五马汽车出租公司持有68%的股份,另外32%的股份由公交公司内部员工持有;新公司以每年800万元的经营费和附加费买断十堰公交18年的特许经营权。

股权收购协议明确规定:乙方(温州五马汽车出租公司)享受外资待遇,享受政府招商引资规定之全部优惠待遇;原公司职工的补偿费问题,由

甲方（十堰市政府）负责，与乙方无关；乙方承担政府要求的全部社会义务等。同时，甲方采取各种必要措施，保证合资公司的公交营运处于正常状态。

特许经营合同规定，公交公司承担政策规定和政府所赋予的社会义务（如军人、老年人、残疾人、儿童等有关政策规定的免费乘车义务）；城区中巴车取消，采取大公交运营方式替代，并按市场运作方式出让特许经营权等。

十堰市公共交通系统除了公交公司外，还有中巴车。十堰中巴自 1997 年就通过经营权拍卖的形式实现了民营。拍到经营权的中巴车获得带字母“T”的车牌。2003 年，十堰市 T 牌中巴车数量固定为 150 台。中巴车与公交公司部分线路存在重合。政府承诺取缔城市中巴，将有利于减少竞争。

2. 涨票价增利润受阻

张朝荣接手公交公司后，陆续斥资购买了 110 余辆公交空调车投入运营，希望政府能够调整空调车的票价。2003 年 8 月 5 日，十堰市物价局组织听证会，自 8 月 6 日起，将公交空调车的票价从 1 元提升为 1.5 元。

涨价之后，公交空调车的乘客数量下降，很多人选择票价为 1 元的中巴车出行。民营化改制后的几年内，政府都未能结束中巴车运营。

迫于资金压力，公交公司不得不又对票价进行调整。2006 年 1 月 1 日起，除了两条线路外，其余线路票价改回 1 元。2007 年 8 月 1 日，这两条线路的票价也全部改为 1 元。十堰市公交公司从票价上谋求营业额增长的冲动被压制。

3. 补贴有限、政府承诺缺失，民营公交公司面临亏损

民营化改革之后的四年里，公交集团公司累计投入资金达 1.3 亿多元。先后三次投入豪华双温空调公交车 237 台，陆续新设站牌站廊 500 余个，投资建成了公交 IC 卡乘车收费系统项目，又投资建立了公交 GPRS 智能监控调度系统。公交公司还尝试打造女子专线品牌，拓展车厢和路牌广告业务。在以上种种努力下，2003 年和 2004 年实现盈利，利润分别是 106 万元和 119 万元。然而随后的三年则分别亏损 500 多万、900 多万和 700

多万元。

亏损的原因主要有油价暴涨、成本增加。2003 年油价每升 2.6 元，2008 年上涨到 5 元多。十堰市政府仅在 2006 年和 2007 年为民营的公交公司提供油补，两年共提供了 619 万元的补贴。此外，公交公司还承担了部分社会福利，即老年人、残疾人、军人免票乘车，学生、成人持月票乘车，等等。算上在车辆更新等方面的投资，张朝荣认为“进的没有出的多”。

为此，张朝荣的民营公交公司曾经提交给十堰市政府一份《亟待解决问题的报告》。有三点诉求值得注意：一是公交公司希望政府能够按照当初承诺，取消在公交线路上运营的 150 辆中巴车经营权，并要求 70 余辆城郊专线车不得在城区跑公交线路；二是希望十堰市政府，按国务院办公厅《关于优先发展城市公共交通的意见》，对公交公司承担的社会福利（包括老年人、残疾人、军人免费乘车，学生、成人持月票乘车等）带来的减收予以补贴；三是落实协议书规定的优惠政策、规范残疾人免费乘车范围和程序、对油价暴涨予以补贴和以划拨方式供地提供场站等。

2003 年的改制“一改了之，一直没有配套政策的支持”，张朝荣抱怨政府未能用财政补贴等形式履行公共事业管理的责任。

4. 从职工管理缩减成本，公司与员工矛盾爆发

十堰市公交公司在民营之后一共爆发了四次罢工。

第一次罢工是在民营化改制之前。2002 年 12 月 11 日，部分职工得知公司将被私人资本“买断”后，公交司机举行了罢工以示抗议。当时公交司机的主要担心是“怕下岗，怕收入减少，怕政府卖掉企业撒手不管”。

第二次罢工是民营化改革刚起步阶段。2003 年 6 月，部分职工因身份转变，对公交民营化有抵触情绪，纷纷要求退还买断工龄的补偿金。按规定，这笔 1 800 万元的补偿金应由财政支出，作为再就业基金留在企业。然而有关领导表态，要求公交公司把这笔补偿金退给所有人。

第三次罢工发生在 2008 年 1 月 12 日。为了控制运营成本，公交公司制定了较为严格的职工管理制度。某一线司机扣除了病事假、超油、欠趟、假币等各项费用，到手的月工资只有 11.82 元。因不满公司待遇，部分司机在当天选择停运。第三次停运发生后，十堰市政府组成了以市政府秘书长柯尊群为临时党委书记,财政、建委和劳动等部门参与的临时党委会,正式进驻十堰公交公司,参与公司的日常管理。当时规定:“1万元以上的现金支出、10万元以上的支票支出,均需临时党委负责人签字才可通过。”

第四次罢工发生在临时党委会进驻公交公司三个月之后的4月15日。临时党委已经完全掌握了公司的绝大部分经营权,张朝荣作为公司的资产所有人和法人代表,已经没有多大话语权。在政府的高压态势下,员工不满情绪进一步被激化,最终导致4月15日十堰市公交再次发生停运事件。

如果说前两次罢工不应该归咎于张朝荣的公交公司,那么第三次和第四次罢工就直接暴露出公交公司与员工之间的矛盾。按照一名5路车司机的话说,“他是来干什么的?他是来挣钱的。政府压他,他只好压职工了。”张朝荣认为导致公交停运的原因不是公司管理不善,而是政府不作为,国家给予公交事业的政策和补贴没有落实到位,“我成为公交民营化改革的牺牲品”。

5. **政府的“为难”与决定,公交公司回归国有企业**

十堰市建委副主任朱天峰坦言,公交事业民营化之后,各方面相关方政策都在探索中,没有先例可循;改制后,政府更应防止由政府垄断经营变成企业垄断经营,因而没有履行取消中巴的承诺。

朱天峰同时指出,“因为一张合同无法包揽所有的变化,宏观政策和市场的变化无法预料。目前的最大难题就是油价上涨”。张朝荣与政府签订的合同上并未写明的对于企业的油补和社会福利补贴等,实行起来也存在政策障碍。

2008年4月16日,第四次罢工发生之后的第二天,临时党委完全取代公司董事会,正式接管了张朝荣经营五年的十堰市公交集团。十堰市政府决定重新以国有企业形式运营公交系统,至此十堰市的公交民营化改革以失败告终。翻阅多篇新闻报道,均没有找到对此次股权转让价格等具体细节的披露。

6. **国有公交公司获得政府青睐**

再次回归国有控股的十堰市公交公司在公交场站土地划拨、财政补贴、购车资金等多个方面都获得了十堰市政府的政策倾斜。从 2008 年到 2011 年,十堰市政府连续三年每年给予公交公司的财政补贴都超过 1 000 万元,并先后规划了 11 块共 219 亩的公交场站用地。

2008 年 5 月,第一台到期的中巴车退出营运市场。之后每年都有到期的中巴车下线退出运营。2012 年 1 月 15 日凌晨,随着经营权到期,十堰市最后 8 辆 T 牌中巴车停运。十堰市运营 20 余年的 T 牌中巴,彻底告别历史舞台。

在政府多方面的优惠政策影响下,十堰市公交公司有了很大变化。截至 2011 年底,与 2008 年相比,十堰市公交公司的职工收入从月平均 1 180 元上升为 2 380 元;公交线路从 22 条增加为 47 条,公交车辆从 368 台增加为 879 台;公交客运量由日均 25 万人次增加为 60 万人次(十堰市本地人口仅 70 余万)。

此案例由新闻报道整理而成,参考资料如下:

1. 丁补之. 十堰公交民营化改制,"多赢"变"多输"[N/OL]. 南方周末,2008 - 02 - 27. http://www.infzm.com/content/trs/raw/38653.

2. 聂春林. 首例公交民营化回到起点 临时党委接管十堰公交[N/OL]. 和讯新闻,2008 - 06 - 02. http://news.hexun.com/2008 - 06 - 02/106388341.html.

3. 十堰公交:凤凰涅槃生机蓬勃[N/OL]. 湖北日报,2011 - 11 - 22. http://news.cnhubei.com/hbrb/hbrbsglk/hbrb09/201111/t1891596.shtml.

4. 罗伟. T 牌中巴下月退出运营市场[N/OL]. 十堰晚报,2011 - 12 - 07. http://sywb.10yan.com/html/20111207/221525.html.

5. 十堰公交之变[EB/OL]. 中国客车信息网,2012 - 11 - 01. http://www.chinabus.info/html/2012 - 11/2012111102022.htm.

6. 陈周锡. 中国首例公交民营化遇挫真相[N/OL]. 经济观察报,2008 - 05 - 30. http://www.eeo.com.cn/eeo/jjgcb/2008/06/02/101862.shtml.

第 7 章 中国公用事业市场化改革路径探讨

本章试图从构建合理的公用事业企业公司治理架构的角度，探讨中国公用事业市场化改革路径。本章强调公用事业领域的国有企业应该谨慎退出，允许私人资本和国有资本公平竞争公用事业企业的控制权，不能“一刀切”甩包袱式“民营化”。在公用事业企业的内部治理环节，强调公用事业企业的信息披露责任和利益相关者治理，以加强第三方监督。在公用事业企业的外部治理环节，政府应该持续放松公用事业领域及其相关替代行业的歧视性准入限制，放松竞争性领域的公用事业产品或服务的价格规制，为处于福利性规制定价中的公用事业私有企业和国有企业提供一视同仁的财政补贴，强调质量监管。本章还讨论了如何通过补贴拍卖等形式迫使经营者汇报真实成本类型，实现分离均衡，硬化企业预算约束。最后，本章将探讨如何完善公用事业企业的退出机制。

7.1 国有企业谨慎退出公用事业领域

首先，我们必须认识到目前中国公用事业的供给主体还是国有企业。根据表 7－1 显示，2013 年在公用事业领域的国有企业整体规模要大于私营企业。分别计算电力、热力，燃气和供水领域的企业平均资产(资产总计/企业数)，国有及国有控股企业高出私营企业 6～10 倍。电力、热力领域的国有及国有控股企业的平均资产为 22.47 亿元，私营企业为 2.27 亿元。燃气领域国有及国有控股企业的平均资产为8.60亿元,私营企业为0.97亿元。供水领域国有及国有控股企业的平均资产为6.79亿元,私营企业为1.03亿元。

表7-1 公用事业国有企业和私营企业的经济指标(2013)

类型	行业	企业单位数(个)	资产总计(亿元)	主营业务收入(亿元)	主营业务成本(亿元)	利润总额(亿元)
国有及国有控股	电力、热力的生产和供应业	3 701	83 147.25	49 302.72	44 614.39	2 457.00
	燃气生产和供应业	296	2 543.51	1 713.21	1 478.31	143.30
	水的生产和供应业	772	5 238.29	907.01	711.03	19.33
私营企业	电力、热力的生产和供应业	590	1 340.83	542.78	441.32	42.85
	燃气生产和供应业	196	190.22	202.53	162.86	16.84
	水的生产和供应业	117	120.65	95.23	69.09	7.91

资料来源:2013年《中国统计年鉴》,中国统计出版社。

其次,如果一定要存在国有企业,国有企业应该立足公用事业领域。"国退民进"是现有的国有企业改革的基本方向,虽然得到了普遍认可且取得了一定成绩,但是对于国有资本退出要达到何种程度的问题,学术界并没有达成共识。林毅夫(1997)认为如果剥离了国有企业的政策性负担,国有企业和私人企业同样有效率,因此国有资本没有必要完全退出。以高明华(2007)为代表的国内部分学者认为,国有企业的本质属性在于公共性,国有企业的最终目的不是盈利而是还利于民,通过直接提供公共品来服务于全民,因此国有资本应该从能盈利的领域中完全退出。① 虽然两位学者都认为国有资本应该在某些领域有所保留,但是高明华所认为的国有企业应该不以盈利为目的去提供公共品,恰恰正是林毅夫所提倡的应该剥离的"政策性负担"。因此,虽然以上两种观点的结论相似,但是在逻辑起点上是截然相反的。笔者赞同高明华(2007)的观点,即国有企业的本质属性是公共性,国有

① 高明华.国有企业是做什么的[J].经济学茶座,2007(4).

企业的最终目的不是盈利而是还利于民,通过直接提供公共物品来服务于全民。

在我国的经济体制改革历程中,如果一定要保留国有企业,也应该是公用事业领域的国有企业。即使是私有化运动最为彻底的英国,也存在因公众利益而重新回归国有的例子。2003 年由于铁路私有化之后事故频发,英国政府决定从私人承包者手中收回所有铁路的维护权。私人资本天生具备逐利属性,“嫌贫爱富”是表现之一。王俊豪等(2013)对 430 个城市的 937 个水务企业进行调查,在西部地区的民营、外资和港澳台资水务企业分别为 15 个、3 个和 2 个,远低于在东部地区的 137 个、32 个和 19 个。[①]由此,国有企业理应肩负起那些私人资本较少或不愿进入的偏远地区的公共产品或服务的供给任务。

最后,应该允许私有资本和国有资本公平竞争公用事业企业控制权。本书第 4 章和第 5 章基于数理模型论证了对于福利性规制定价下的公用事业企业,无论是国有企业还是私人企业,政府的最优规制都是一样的。公用事业市场化改革的实质不是解决“公营”还是“私营”的问题,而是要建立合理的激励机制和竞争机制。既不能歧视私人资本设置进入壁垒,也不能歧视国有资本“一刀切”甩包袱式“民营化”。

7.2　公用事业企业的内部治理

基于公用事业的特殊性,公用事业企业的内部治理应该格外强调信息披露和第三方监督。在不完全契约分析框架下,政府的最优规制方案无法实现分离均衡,公用事业企业经营者倾向于隐瞒真实成本类型,要求更多补贴。引入第三方监督力量将有助于企业披露真实的成本类型,增加企业信息的透明程度,从而起到硬化补贴的目的。加强信息披露和利益相关者

① 王俊豪,等.中国城市公用事业民营化绩效评价与管制政策研究[M].北京:中国社会科学出版社,2013:155.

治理是两种促进公众监督的有效方式。

7.2.1 加强信息披露

帕鲁姆(Parum, 2005)认为公司治理实际上是企业经营者和企业股东之间的一种沟通方式,目的是推动双方协同制定并努力实现企业经营战略和经营目标。因而,信息披露可以被看作是公司治理的重要支柱。良好的信息披露能够实现企业经营者和企业股东之间的有效沟通。

由于公用事业企业肩负着与一般企业不同的经营目标,且往往需要政府财政支持,因此在信息披露方面的要求应该具有不同的标准(Bremer, 2012)。公用事业企业的信息披露应该不仅让企业投资者掌握企业的经营信息,更重要的是让消费者和政府监管部门能够充分了解公用事业产品和服务质量信息、企业重大投资信息等。公用事业企业向公众定期披露信息、引入公共监督,是企业的公众特性的必然要求。

信息披露可以分为自愿披露(voluntary disclosure)和强制披露(mandatory disclosure)两类。自愿披露是指在法律规定之外的,企业自愿向公众公开信息。强制披露是指企业基于会计准则等规定必须向投资者公开财务状况信息。上市公司的潜在投资者是广大股民,因此上市公司必须通过年报等形式向公众公开财务信息。然而,我们必须认识到,按照理性人假设,抛开了法律约束的自愿披露所得到的信息一定是有利于企业的。如果试图依靠自愿披露的信息了解一个企业的真实运营状况,结果只有失望。

在中国,已经上市的公用事业企业受到法律法规的限制,基本能够定期向公众披露相关的财务信息和投资决策信息。然而,中国绝大部分公用事业企业都是非上市企业,很少会自愿披露信息。因此,政府应该制定相关法律,强制非上市的公用事业企业也定期公布财务状况信息,披露重大投资决策等,促使消费者、政府和企业投资者都能够以较低的成本了解和监督公用事业企业经营和管理状况。只有增强公用事业企业的透明度和公众监督力度,才能够增强其公司治理的有效性。

7.2.2　引入利益相关者治理机制

和其他国家的政府一样,中国政府对部分公用事业企业提供了较为客观的补贴。政府的财政支持最根本还是来自于所有纳税人。从这个意义上讲,公用事业企业也属于公众公司(public company),公众不仅是其产品或服务的消费者,也是支持其正常运营的实际最终投资者。因此,公用事业企业除了需要对所有"投资者"保证信息透明之外,还需要选取"投资人代表"进入公司董事会,对公司进行切实有力的监督,即在公用事业企业内部,引入利益相关者治理机制。

引入利益相关者治理机制的另一个重要理由是,企业的管理层有粉饰财务报告的倾向(Bebchuk and Fried, 2010)。财务会计学者们很早就发现企业管理层会采用盈余管理(earnings management),选择能够使其效用最大化的会计政策,即利用信息优势操纵企业财务信息,诱使投资者错误估计企业的财务状况,从而获得更高的个人利益。公用事业企业也同样存在这个问题。因此,单纯强调公用事业企业信息披露不足以起到公众监督的作用,需要引入利益相关者治理机制。

具体做法可以是,在公用事业企业的董事会引入定期选举出来的公共代表。具体人选可以是各地基层领域的人大代表,也可以是已经获得一定荣誉的社区工作人员和退休工人,他们大多具有强烈的社会责任感,能够在一定程度上保证不被董事会"绑架"而避免成为"傀儡"监督者。

威廉姆森(Willamson, 1988)和陈建文等(Chen et al., 2009)不约而同地指出如果一个企业能够建立运作良好的公司治理结构,就能够增加在资本市场、债券市场的融资能力。对公用事业企业来说,也是如此。由于公用事业的特殊性,除了一般性企业公司治理所强调的保护投资者权利外,公用事业企业公司治理还需要保护公众利益。强调信息披露、引入利益相关者治理机制是完善公用事业企业公司治理的重要措施之一。

7.3 公用事业企业的外部治理：政府规制角度

与一般行业内的企业不同的是，公用事业企业必须面临多方面的较为严格的政府监管。政府规制因而成为公用事业企业外部治理的重要力量和主要形式。政府规制涉及多个方面，主要有准入规制、价格规制、质量规制。财政补贴是与价格规制相配套的政府财政支持。

7.3.1 持续放松准入规制，刺激公用事业领域市场竞争

本书第1章在分析公用事业特征时介绍了四类可选择的竞争手段：技术进步引发的竞争、水平分割或垂直结构分解引入竞争、非居民用户引入竞争、行业内的异质竞争。除此之外，公用事业领域还能够通过标尺竞争、特许经营权拍卖等基于经济学理论的政府规制手段刺激市场竞争。施莱弗(Shleifer, 1985)提出了标尺竞争的理论模型，探讨区域比较竞争监管对福利的影响。满足一定条件下，标尺竞争能够实现完全信息下的最优规制。德姆塞茨(Demsetz, 1968)提出可以通过拍卖特许经营权刺激公用事业领域的市场竞争。如果投标阶段有比较充分的竞争，公用事业产品或服务的价格将更加接近平均成本水平，中标企业能获得的利润等于(或者略高于)正常利润。特许经营权拍卖也成为国内市、县公用事业市场化改革的一个重要手段。

科学技术的发展和经济学理论的不断更新，促使人们逐渐认识到可以依赖以上多种手段刺激公用事业领域的市场竞争。以英国、美国为代表的很多国家纷纷放开了公用事业的准入规制。中国的公用事业改革也同样是以放开准入规制为起点。尽管目前中国的公用事业改革仍然存在着种种问题，但是要持续地放开市场准入规制是不应该被否定的。

通过本书的分析，我们知道公用事业领域的国有企业的预算软约束产

生机制是：信息不对称下政府的福利定价造成了部分企业的亏损，政府出于社会福利的考虑愿意为亏损企业提供补贴，在不完全契约下企业经营者会伪装自己的类型并降低努力付出，试图通过事后的重新谈判从政府手中获得更大的补贴。政府愿意在事后为亏损的企业提供补贴是因为：补贴后这些亏损企业继续经营在时点 $t = 2$ 的社会福利函数严格大于 0，也就是说消费者在时点 $t = 2$ 对公共产品或服务的消费者剩余足够高。如果在时点 $t = 1$ 利用多种手段促进市场竞争，市场竞争促使消费者在时点 $t = 2$ 对公用事业企业的产品或服务的消费者剩余降低，当消费者剩余在时点 $t = 2$ 低于亏损企业需要的补贴时，政府就没有动机为亏损企业提供补贴让其继续经营下去。此时的动态规制问题就变成了静态规制问题，从而政府就能够设计出最优的规制方案满足分离均衡，避免公用事业企业的预算软约束。

就目前来看，中国公用事业放开准入规制改革仍然处于最初阶段，即通过特许经营权制度引入私人资本。标尺竞争和异质竞争等手段没有被普遍重视。以异质竞争为例，有线电视网能够提供电信服务的技术很早就成熟了，2009 年才正式开始步入规划阶段。① 虽然出租车具备非常典型的个人运营特征，北京市对个人设置进入壁垒，使得出租车司机不得不在拥有经营权的出租车公司的盘剥下讨生活。② 我国今后的公用事业改革，需要持续放松准入规制，利用各种手段刺激公用事业领域的市场竞争。

7.3.2　逐步放松竞争性领域的价格规制，放开竞争性环节价格

通过运用各种手段，能够有效地刺激公用事业领域的市场竞争。私人资本愿意且积极涌入的公用事业领域大多具有盈利性，属于竞争性环节。

---

① 周其仁的《数网竞争》一书中对三网融合有着较为详细的论述。在讨论了很多年后，2009 年开始处于规划阶段。详见：电子信息产业规划：三网融合投入 6 000 亿[EB/OL]. 新浪科技，2009 - 04 - 26. http://tech.sina.com.cn/t/2009 - 04 - 26/10393039264.shtml.

② 郭锐欣，毛亮. 特大城市出租车行业管制效应分析：以北京市为例[J]. 世界经济，2007(2). 郭锐欣，张鹏飞. 进入管制与黑车现象：基于经济学的分析[J]. 世界经济，2009(3).

例如电信行业、燃气的生产和销售环节、电力的生产和销售环节、污水处理、垃圾处理等。当准入规制得以放松之后，私人资本必然会追求价格规制的放松。OECD(2007)揭示了那些经历了公用事业放松规制改革的各成员国，在放松准入规制之后也逐渐放松了价格规制，且主要集中在竞争性公用事业领域。

总体来看，中国公用事业改革也是遵循着这个规律。中国经过多年的努力，在电信业已经基本实现了由市场决定的定价机制。2013 年 11 月，中共第十八届中央委员会第三次会议通过了《中共中央关于全面深化改革若干重大问题的决定》，强调“凡是能由市场形成价格的都交给市场，政府不进行不当干预”，将“推进水、石油、天然气、电力、交通、电信等领域价格改革，放开竞争性环节价格”。

竞争性公用事业领域规制价格的放开，将吸引更多的成熟的私人资本进入该领域。准入规制的放松确保了私人资本能够自由进出，价格将会在市场机制作用下被维持在一个合理的范围内。

7.3.3 对福利性领域实施一视同仁的补贴政策，不歧视私人资本

为了保证公众福利，政府往往会选择严格控制部分公用事业的规制价格，使其维持在一个较低的水平，即福利性规制定价。处于福利性规制定价下的公用事业需要接受政府财政补贴才能够保持正常运营。2013 年 11 月，中共第十八届中央委员会第三次会议通过了《中共中央关于全面深化改革若干重大问题的决定》，在强调会放松部分竞争性公用事业领域价格规制之外，也明确提出了“政府定价范围主要限定在重要公用事业、公益性服务、网络型自然垄断环节”。这里的公益性服务就是本节所说的福利性公用事业领域。

本书前几章充分论证了对于此类福利性领域的公用事业企业来说，国有资本和私人资本面临的政府最优规制是一致的，其预算软约束的产生机制也一致。也就是说，政府对于福利性领域的公用事业企业提供财政补贴，不能对国有资本“搞特殊化”，应该对国有资本和私人资本实行一视同

仁的补贴政策。为了避免地方政府“厚此薄彼”,对此类公用事业领域的私人资本不提供或少提供补贴,应该出台相关规定或者建立诉讼制度来保证私人资本的权益。

7.3.4　强调质量监管,为执行高标准的企业提供优惠政策

中国大部分的公用事业领域都有相应的质量标准。例如在城市垃圾处理方面,有《城市生活垃圾卫生填埋场运行维护技术规程》(CJJ93—2003)、《生活垃圾焚烧处理工程技术规范》(CJJ90—2009)等;在城市水务方面,有《生活饮用水卫生标准》(GB5749—2006)、《城市污水处理厂工程质量验收规范》(GB50334—2002)等。

但是普遍来看中国公用事业领域的质量标准还不够完备,并且在大多数偏远地区无法推广。例如,我国的《生活饮用水卫生标准》修订后的新标准虽然基本上与国际接轨,并且规定了五年的过渡期,也就是2012年之后执行,但是对于国内部分城市及大部分县级地区的中小自来水厂来说,执行新标准还存在相当的难度。部分公用事业领域的质量标准偏陈旧,没有建立依托新技术的新的质量标准体系。例如,虽然垃圾无害化处理已经被作为政府的一项主要工作,但是现在仍然没有建立起完善的垃圾无害化处理指标体系。

更高的质量规制标准将会拉高运营成本,进而导致更高的价格。中国公用事业改革的最终目标是提高公共产品和服务的供给水平,这包括提高质量水平。为了确保质量监管的有效性,必须完善公用事业的质量监管标准体系。并且,对于那些执行较高质量标准的企业给予优惠政策支持。

7.3.5　建立有效激励机制,尝试补贴拍卖硬化预算约束

本小节探讨通过补贴拍卖迫使经营者汇报真实成本类型,实现分离均衡,硬化企业预算约束。

拉丰和梯若尔(Laffont and Tirole, 1987)从数理模型上探讨如何通

过拍卖从多个经理人中挑选出类型(边际成本)最小的经理人。他们的文章只针对经营一期的公共服务进行拍卖,类型为 θ_1 的企业经理人会真实报告自己的类型,即 $\hat{\theta}_1 = \theta_1$,在竞拍成功后按照自己的真实类型选择合适的努力程度提供公共服务。

在本章,如果允许规制机构在时点 $t = 0$ 和时点 $t = 1$ 分别进行两次独立的拍卖,那么将最终简化成拉丰和梯若尔(Laffont and Tirole, 1987)的一期拍卖问题;如果让规制机构只在时点 $t = 0$ 进行一次拍卖,竞拍成功的经营者在时点 $t = 1$ 有权继续经营,那么只要规制者在时点 $t = 1$ 能够给以足够的补贴 k_1 来满足 $k_1 + \pi_1 \geqslant 0$,并且竞拍成功的经营者在两期所获得的报酬相等。现实中,考虑到拍卖需要一定的成本,我们采用后一种选择,假设规制机构只在时点 $t = 0$ 进行一次拍卖。

假设有 n 个经营者,他们的类型为 $(\theta_t^1, \theta_t^2, \cdots, \theta_t^n)$, $t = 1, 2$,上标 $j \in \{1, 2, \cdots, n\}$ 代表第 j 个经营者。沿用第 5 章的假设,有 $(\theta_1^1, \theta_1^2, \cdots, \theta_1^n) \equiv (\theta_2^1, \theta_2^2, \cdots, \theta_2^n)$。为简单起见,假设消费者两期的需求函数相等,即 $Q_1(p_1) \equiv Q_2(p_2)$。

面对规制机构的拍卖机制,我们假设公用事业国有企业的经营者在第一期开始 $(t = 0)$ 的报告类型是 $(\hat{\theta}_1^1, \hat{\theta}_1^2, \cdots, \hat{\theta}_1^n)$。给定报告类型,令 $x^j(\hat{\theta}_1^1, \hat{\theta}_1^2, \cdots, \hat{\theta}_1^n) \geqslant 0$ 为第 j 个经营者竞拍成功的概率,我们有 $\sum_{j=1}^{n} x^j(\hat{\theta}_1^1, \hat{\theta}_1^2, \cdots, \hat{\theta}_1^n) \leqslant 1$。针对报告类型,规制机构会在第二期开始(时点 $t = 1$)给第 j 个企业提供补贴 $k_1^j(\hat{\theta}_1^1, \hat{\theta}_1^2, \cdots, \hat{\theta}_1^n)$,并在时点 $t = 1, 2$ 给第 j 个企业的经营者期望报酬 $w^j(\hat{\theta}_1^1, \hat{\theta}_1^2, \cdots, \hat{\theta}_1^n)$。①为了避免经营者竞拍成功后在第二期的机会主义行为,即不提供最优努力并"威胁"规制机构要求更多的补贴,我们假设如果在第二期开始所获得的实际补贴大于拍卖机制中所规定的补贴 $k_1^j(\hat{\theta}_1^1, \hat{\theta}_1^2, \cdots, \hat{\theta}_1^n)$,规制者可以惩罚这个在第一期开始就被选中的经营者,当惩罚力度足够大时,竞拍成功的经营者会按照自己的真实类型选择最优努力程度来提供公共服务。

① 由于 $w_1^j(\hat{\theta}_1^1, \hat{\theta}_1^2, \cdots, \hat{\theta}_1^n) \equiv w_2^j(\hat{\theta}_1^1, \hat{\theta}_1^2, \cdots, \hat{\theta}_1^n)$,我们没有明确写出下标 $t = 1, 2$。

给定公用事业国有企业经营者在第一期开始(时点 $t=0$) 的报告类型 $(\hat{\theta}_1^1, \hat{\theta}_1^2, \cdots, \hat{\theta}_1^n)$，第 j 个企业的经营者在时点 $t=0$ 的期望效用为：

$$v^j(\hat{\theta}_1^1, \hat{\theta}_1^2, \cdots, \hat{\theta}_1^n) = \underset{\hat{\theta}_1^{-j}}{E}(1+\rho)\{w^j(\hat{\theta}_1^1, \hat{\theta}_1^2, \cdots, \hat{\theta}_1^n) - x^j(\hat{\theta}_1^1, \hat{\theta}_1^2, \cdots, \hat{\theta}_1^n)\psi[e^j(\hat{\theta}_1^1, \hat{\theta}_1^2, \cdots, \hat{\theta}_1^n)]\} \quad (7-1)$$

其中 $e^j(\hat{\theta}_1^1, \hat{\theta}_1^2, \cdots, \hat{\theta}_1^n) = \theta_1^j - c^j(\hat{\theta}_1^1, \hat{\theta}_1^2, \cdots, \hat{\theta}_1^n)/q^j(\hat{\theta}_1^1, \hat{\theta}_1^2, \cdots, \hat{\theta}_1^n)$。①

第 j 个企业的经营者在时点 $t=0$ 报告真实类型 $\hat{\theta}_1^j=\theta_1^j$，要满足下面的一阶条件：

$$\frac{\partial}{\partial \hat{\theta}_1^j}\underset{\hat{\theta}_1^{-j}}{E}[w^j(\hat{\theta}_1^1, \hat{\theta}_1^2, \cdots, \hat{\theta}_1^n)]\Big|_{\hat{\theta}_1^j=\theta_1^j} = \frac{\partial}{\partial \hat{\theta}_1^j}\underset{\hat{\theta}_1^{-j}}{E}\{x^j(\hat{\theta}_1^1, \hat{\theta}_1^2, \cdots, \hat{\theta}_1^n)\psi[e^j(\hat{\theta}_1^1, \hat{\theta}_1^2, \cdots, \hat{\theta}_1^n)]\}\Big|_{\hat{\theta}_1^j=\theta_1^j} \quad (7-2)$$

(7 - 1)式中令 $(\hat{\theta}_1^1, \hat{\theta}_1^2, \cdots, \hat{\theta}_1^n) = (\theta_1^1, \theta_1^2, \cdots, \theta_1^n)$，我们得到

$$v^j(\theta_1^1, \theta_1^2, \cdots, \theta_1^n) = \underset{\theta_1^{-j}}{E}(1+\rho)\{w^j(\theta_1^1, \theta_1^2, \cdots, \theta_1^n) - x^j(\theta_1^1, \theta_1^2, \cdots, \theta_1^n)\psi[e^j(\theta_1^1, \theta_1^2, \cdots, \theta_1^n)]\} \quad (7-3)$$

(7 - 3)式两边对 θ_1^j 求导数，结合(7 - 2)式，我们得到

$$\frac{\partial v^j(\theta_1^1, \theta_1^2, \cdots, \theta_1^n)}{\partial \theta_1^j} = -\underset{\theta_1^{-j}}{E}(1+\rho)x^j(\theta_1^1, \theta_1^2, \cdots, \theta_1^n)\psi'[e^j(\theta_1^1, \theta_1^2, \cdots, \theta_1^n)] \quad (7-4)$$

(7 - 4)式说明第 j 个企业的经营者在时点 $t=0$ 报告真实类型所能获

---

① $(\theta_1^1, \theta_1^2, \cdots, \theta_1^n) \equiv (\theta_2^1, \theta_2^2, \cdots, \theta_2^n)$ 和 $w_1^j(\hat{\theta}_1^1, \hat{\theta}_1^2, \cdots, \hat{\theta}_1^n) \equiv w_2^j(\hat{\theta}_1^1, \hat{\theta}_1^2, \cdots, \hat{\theta}_1^n)$ 意味着，$e_1^j(\hat{\theta}_1^1, \hat{\theta}_1^2, \cdots, \hat{\theta}_1^n) = e_2^j(\hat{\theta}_1^1, \hat{\theta}_1^2, \cdots, \hat{\theta}_1^n)$。

得的期望效用 $v^j(\theta_1^1, \theta_1^2, \cdots, \theta_1^n)$ 随着自己类型 θ_1^j 的增加而减少。也就是说,在分离均衡下,当经营者都汇报真实类型时,成本类型越高的企业的经营者的期望效用越小。

规制机构为了尽可能降低经营者的租金,可以通过设定规制机制让分离均衡下成本类型最高经营者的期望效用等于零。

$$v^i(\theta_1^1, \theta_1^2, \cdots, \theta_1^n)\big|_{\theta_1^i=\bar{\theta}_1} = 0 \tag{7-5}$$

引用拉丰和梯若尔(Laffont and Tirole, 1987)引理 1 的结论,我们知道(7-4)式中第 j 个企业的经营者的努力程度 $e^j(\theta_1^1, \theta_1^2, \cdots, \theta_1^n)$ 只和本企业的类型 θ_1^j 有关,而和其他企业的类型 θ_1^{-j} 无关。这将意味着 $p^i(\theta_2^1, \theta_2^2, \cdots, \theta_2^n)$、$q^i(\theta_2^1, \theta_2^2, \cdots, \theta_2^n)$ 、$w^i(\theta_2^1, \theta_2^2, \cdots, \theta_2^n)$ 以及 $k_1^i(\theta_2^1, \theta_2^2, \cdots, \theta_2^n)$ 也只和本企业的类型 θ_1^i 有关。因此,规制机构在时点 $t=0$ 的目标函数可以写作

$$W_1' = (1+\rho)\sum_{i=1}^{n}\int_{\underline{\theta}_1}^{\bar{\theta}_1} x^i(\theta_2^1, \theta_2^2, \cdots, \theta_2^n)[V_1(q^i(\theta_1^i)) - p^i(\theta_1^i)q^i(\theta_1^i)]f(\theta_1^i)d\theta_1^i +$$

$$\alpha(1+\rho)\sum_{i=1}^{n}\int_{\underline{\theta}_1}^{\bar{\theta}_1}\left\{x^i(\theta_2^1, \theta_2^2, \cdots, \theta_2^n)\begin{bmatrix} p^i(\theta_1^i)q^i(\theta_1^i) - \\ (\theta_1^i - e^i(\theta_1^i))q^i(\theta_1^i) \end{bmatrix} - w^i(\theta_1^i)\right\}f(\theta_1^i)d\theta_1^i$$

$$-\alpha k_0 - \alpha\rho\sum_{i=1}^{n} x^i(\theta_2^1, \theta_2^2, \cdots, \theta_2^n)k_1^i(\theta_1^i) \tag{7-6}$$

最优拍卖机制要求,规制机构在经营者报告真实类型的约束条件下,即(7-4)式和(7-5)式,尽可能最大化上述目标函数。

给定所有企业都真实报告自己的类型 $(\theta_1^1, \theta_1^2, \cdots, \theta_1^n)$, 则 $x^{i*}(\theta_1^1, \theta_1^2, \cdots, \theta_1^n)$ 是第 i 个企业的经营者竞拍成功的概率,记 $X^{i*}(\theta_1^1, \theta_1^2, \cdots, \theta_1^n) = \underset{\theta_1^{-i}}{E} x^{i*}(\theta_1^1, \theta_1^2, \cdots, \theta_1^n)$。给定 $x^{i*}(\theta_1^1, \theta_1^2, \cdots, \theta_1^n)$, 在所有企业的经营者都报告真实类型时,我们可以求出第 j 个企业的经营者的最优努力 $e^{j*}(\theta_1^j)$ 和最优公共服务数量 $q^{j*}(\theta_1^j)$。①为了求解 $e^{j*}(\theta_1^j)$ 和 $q^{j*}(\theta_1^j)$,

① 根据本章假设条件,同一个经营者在第一期和第二期的努力程度、薪酬、公共服务数量等都相同。

我们可以将规制机构在时点 $t=0$ 的最优化问题分解为以下 $i=1, 2, \cdots, n$ 个规划问题。

$$\max_{q^i(\hat{\theta}_1^i),\, e^i(\hat{\theta}_1^i)} W'_1=(1+\rho)\int_{\underline{\theta}_1}^{\bar{\theta}_1} X^i(\theta_1^1, \theta_1^2, \cdots, \theta_1^n)[V_1(q^i(\theta_1^i))-p^i(\theta_1^i)q^i(\theta_1^i)]f(\theta_1^i)d\theta_1^i+$$

$$\alpha(1+\rho)\int_{\underline{\theta}_1}^{\bar{\theta}_1}\left\{X^i(\theta_1^1, \theta_1^2, \cdots, \theta_1^n)\begin{bmatrix}p^i(\theta_1^i)q^i(\theta_1^i)- \\ (\theta_1^i-e^i(\theta_1^i))q^i(\theta_1^i)\end{bmatrix}-w^i(\theta_1^i)\right\}f(\theta_1^i)d\theta_1^i$$

$$-\alpha k_0-\alpha\rho X^i(\theta_1^1, \theta_1^2, \cdots, \theta_1^n)k_1^i(\theta_1^i)$$

$$\text{st}\quad \frac{\partial v^i(\theta_1^i)}{\partial\theta_1^i}=-(1+\rho)X^i(\theta_1^1, \theta_1^2, \cdots, \theta_1^n)\psi'[e^i(\theta_1^i)]$$

$$v^i(\theta_1^i)=w^i(\theta_1^i)-\psi[e^i(\theta_1^i)] \quad \text{and} \quad v^i(\theta_1^i)\big|_{\theta_1^i=\bar{\theta}_1}=0$$

将 $v^i(\theta_1^1, \theta_1^2, \cdots, \theta_1^n)$ 看作状态变量，把 $e^i(\theta_1^i)$ 和 $q^i(\theta_1^i)$ 看作控制变量，令 $\mu^j(\theta_1^j)$ 为(7-4)式所对应的协状态变量。利用庞德里亚金最大值原理(Pontryagin's Maximum Principle)写出 Hamiltonian 函数：

$$\mathrm{H}=(1+\rho)X^i(\theta_1^1, \theta_1^2, \cdots, \theta_1^n)[V_1(q^i(\theta_1^i))-p^i(\theta_1^i)q^i(\theta_1^i)]f(\theta_1^i)+$$

$$\alpha(1+\rho)\left\{X^i(\theta_1^1, \theta_1^2, \cdots, \theta_1^n)\begin{bmatrix}p^i(\theta_1^i)q^i(\theta_1^i)- \\ (\theta_1^i-e^i(\theta_1^i))q^i(\theta_1^i)\end{bmatrix}-v^i(\theta_1^i)-\psi[e^i(\theta_1^i)]\right\}f(\theta_1^i)$$

$$-\alpha k_0-\alpha\rho X^i(\theta_1^1, \theta_1^2, \cdots, \theta_1^n)k_1^i(\theta_1^i)$$

$$-\mu^i(\theta_1^i)(1+\rho)X^i(\theta_1^1, \theta_1^2, \cdots, \theta_1^n)\psi'[e^i(\theta_1^1, \theta_1^2, \cdots, \theta_1^n)]$$

庞德里亚金最大值原理意味着

$$\frac{\partial\mathrm{H}}{\partial q^i(\theta_1^i)}=(1+\rho)X^i(\theta_1^1, \theta_1^2, \cdots, \theta_1^n)\left[V'_1(q^i(\theta_1^i))-p^i(\theta_1^i)-q^i(\theta_1^i)\frac{\partial p^i(\theta_1^i)}{\partial q^i(\theta_1^i)}\right]f(\theta_1^i)+$$

$$\alpha(1+\rho)\left\{X^i(\theta_1^1, \theta_1^2, \cdots, \theta_1^n)\left[p^i(\theta_1^i)+q^i(\theta_1^i)\frac{\partial p^i(\theta_1^i)}{\partial q^i(\theta_1^i)}-(\theta_1^i-e^i(\theta_1^i))\right]\right\}f(\theta_1^i)=0 \tag{7-7}$$

$$\frac{\partial\mathrm{H}}{\partial e^i(\theta_1^i)}=\alpha(1+\rho)\{X^i(\theta_1^1, \theta_1^2, \cdots, \theta_1^n)[q^i(\theta_1^i)]-\psi'[e^i(\theta_1^i)]\}f(\theta_1^i)$$

$$-\mu^i(\theta_1^i)(1+\rho)X^i(\theta_1^1, \theta_1^2, \cdots, \theta_1^n)\psi''[e^i(\theta_1^i)]=0 \tag{7-8}$$

$$\frac{\partial \mu^i(\theta_1^i)}{\partial \theta_1^i} = -\frac{\partial \mathrm{H}}{\partial v^i(\theta_1^1, \theta_1^2, \cdots, \theta_1^n)} = \alpha(1+\rho)f(\theta_1^i) \quad (7-9)$$

$$\mu^i(\theta_1^i)v^i(\theta_1^i)\big|_{\theta_1^i=\underline{\theta}_1} = 0 \quad \mathrm{TVC} \quad (7-10)$$

根据(7－9)式和(7－10)式可以推出协状态变量 $\mu^j(\theta_1^j) = \alpha(1+\rho)F(\theta_1^j)$，代入(7－8)式，我们得到

$$\{X^i(\theta_1^1, \theta_1^2, \cdots, \theta_1^n)[q^i(\theta_1^i)] - \psi'[e^i(\theta_1^i)]\}f(\theta_1^i) = F(\theta_1^i)(1+\rho)X^i(\theta_1^1, \theta_1^2, \cdots, \theta_1^n)\psi''[e^i(\theta_1^i)] \quad (7-11)$$

从(7－7)式和(7－11)式，我们能够求出 $e^{j*}(\theta_1^j)$ 和 $q^{j*}(\theta_1^j)$。

我们现在需要求解出在所有的企业都报告真实类型 $(\theta_1^1, \theta_1^2, \cdots, \theta_1^n)$ 时，给定 $e^{j*}(\theta_1^j)$ 和 $q^{j*}(\theta_1^j)$，第 j 个企业的经营者能够竞拍成功的概率 $x^{j*}(\theta_1^1, \theta_1^2, \cdots, \theta_1^n)$。将 $e^{j*}(\theta_1^j)$ 、$q^{j*}(\theta_1^j)$ 和 $p^{j*}(\theta_1^j)$ 代入(7－6)式，规制机构在时点 $t=0$ 的目标函数可以写作

$$\max_{x^i(\theta_1^1, \theta_1^2, \cdots, \theta_1^n)} W_1' =$$

$$(1+\rho)\sum_{j=1}^{n}\int_{\underline{\theta}_1}^{\bar{\theta}_1} x^i(\theta_1^1, \theta_1^2, \cdots, \theta_1^n)[V_1(q^{j*}(\theta_1^j)) - p^{j*}(\theta_1^j)q^{j*}(\theta_1^j)]f(\theta_1^i)d\theta_1^i +$$

$$\alpha(1+\rho)\sum_{j=1}^{n}\int_{\underline{\theta}_1}^{\bar{\theta}_1}\left\{x^i(\theta_1^1, \theta_1^2, \cdots, \theta_1^n)\begin{bmatrix} p^{j*}(\theta_1^j)q^{j*}(\theta_1^j) - \\ (\theta_1^i - e^{j*}(\theta_1^j))q^{j*}(\theta_1^j)\end{bmatrix} - w^i(\theta_1^i)\right\}f(\theta_1^i)d\theta_1^i$$

$$-\alpha k_0 - \alpha\rho\sum_{i=1}^{n} x^i(\theta_1^1, \theta_1^2, \cdots, \theta_1^n)k_1^i(\theta_1^i)$$

$$\mathrm{st} \quad \sum_{i=1}^{n} x^i(\theta_1^1, \theta_1^2, \cdots, \theta_1^n) \leqslant 1 \text{ and } x^i(\theta_1^1, \theta_1^2, \cdots, \theta_1^n) \geqslant 0$$

$$(7-12)$$

(7－12)式是一个线性规划问题，用库恩-塔克(Kuhn-Tucker)定理求出 $x^{i*}(\theta_1^1, \theta_1^2, \cdots, \theta_1^n)$ 的值：

$$x^{i*}(\theta_1^1, \theta_1^2, \cdots, \theta_1^n) = 1 \text{ iff } \theta_1^i < \min_{i\neq j}\theta_1^j \text{ iff } k^{i*}(\theta_1^i) < \min_{i\neq j} k^{j*}(\theta_1^j)$$

$$x^{i*}(\theta_1^1, \theta_1^2, \cdots, \theta_1^n) = 0 \text{ iff } \theta_1^i > \min_{i \neq j} \theta_1^j \text{ iff } k^{i*}(\theta_1^i) > \min_{i \neq j} k^{j*}(\theta_1^j) \tag{7-13}$$

(7－13)式说明,规制机构可以通过在第一期开始设定 $q^{j*}(\theta_1^j)$、$w^{j*}(\theta_1^j)$ 和 $k_1^{j*}(\theta_1^j)$,所有的企业经营者都会真实报告自己的类型 $(\theta_1^1, \theta_1^2, \cdots, \theta_1^n)$,这时,最有效率的经营者 $\theta_1^i < \min_{i \neq j} \theta_1^j$ 同时也是申报补贴最少的 $k^{i*}(\theta_1^i) < \min_{i \neq j} k^{j*}(\theta_1^j)$,会以概率 1 竞拍成功,从而使补贴最小化。

值得注意的是,为了避免竞拍成功的经营者的机会主义行为,即事后降低努力"威胁"规制机构要求更高的补贴,规制者在事先规定对竞拍成功的经营者的这种行为采取严格惩罚,使得该经营者偏离最优努力的收益严格小于遵循最优努力时的收益,这样,竞拍成功的经营者就会在面对最优拍卖机制时报告真实类型,边际成本类型最低的经营者会竞拍成功,并且选择最优的努力,即得到命题 5。

命题 5　规制机构在时点 $t = 0$ 对补贴进行一次拍卖,承诺让竞拍成功的经营者能够获得报酬 w_t,并且对竞拍成功却无法履行契约的经理人进行严格惩罚,当惩罚足够大时,经营者倾向于报告真实类型,因此类型最低(最有效率)的经营者会竞拍成功,从而最小化规制者的补贴。

此外,当参与竞拍的经营者很少时 (n 较小),很可能出现竞拍者的相互勾结问题;当政府制定的惩罚机制过于严格时,一方面由于执行困难可能使惩罚成为不可置信威胁而实际上形同虚设,另一方面也可能会导致没有人参与竞拍的情况。在本书中,对这类问题暂时不进行研究。

7.4　公用事业企业的退出机制

任何一个健康的行业都需要运行有效且可以被执行的企业退出机制,公用事业领域也不例外。在特许经营模式下,除了因特许经营权到期而退出公用事业领域的正常退出途径外,针对违约、违法违纪等行为还应该建立起能够终止合约的企业退出机制。此外,在内部治理和外部治理作用下仍然低效的公用事业企业，应该允许市场竞争对其进行自然淘汰。

7.4.1 提前终止特许经营权的退出机制

一是经营者存在违约、违法违纪等行为，规制机构有权提前终止特许经营权。建设部2002年出台的《关于加快市政公用行业市场化进程的意见》、2004年出台的《市政公用事业特许经营管理办法》以及部分地方政府出台的相关管理条例，都规定当经营者存在严重违约、违法违纪行为，政府有权提前终止特许经营权。①

建设部2004年出台的《市政公用事业特许经营管理办法》第十八条规定，获得特许经营权的企业在特许经营期间有下列行为之一的，主管部门应当依法终止特许经营协议，取消其特许经营权，并可以实施临时接管：(1) 擅自转让、出租特许经营权的；(2) 擅自将所经营的财产进行处置或者抵押的；(3) 因管理不善，发生重大质量、生产安全事故的；(4) 擅自停业、歇业，严重影响到社会公共利益和安全的；(5) 法律、法规禁止的其他行为。第二十八条规定：以欺骗、贿赂等不正当手段获得特许经营权的企业，主管部门应当取消其特许经营权，并向国务院建设主管部门报告，由国务院建设主管部门通过媒体等形式向社会公开披露。被取消特许经营权的企业在三年内不得参与市政公用事业特许经营竞标。

二是政府出现违约行为，经营者有权提前终止特许经营权并获得补偿。政府的违约行为有多种形式，较为普遍的有两种。一是政府未能按照协议向企业提供财政补贴或其他优惠政策；二是政府的质量监管标准提高，要求企业大规模更新改造而导致投资成本大幅提升，政府未能向企业提供合适的补偿。当政府出现以上违约行为时，经营者有权提出终止特许经营权，并且能够获得政府的经济补偿。

---

① 部分地方政府出台的是"城市基础设施特许经营权管理条例"，但是和"市政公用事业特许经营权管理条例"涉及的行业范畴基本一致。

虽然建设部 2002 年出台的《关于加快市政公用行业市场化进程的意见》中提到“若政府根据发展需求调整规划和合同时，应充分考虑原获得特许经营权的企业的合理利益”。但是，无论是建设部还是地方政府随后出台的诸多管理条例或管理办法，都没有涉及政府违约后对企业的具体补偿办法。

三是经营者和政府协商提前终止特许经营权。由于契约的不完全性，在某些条件发生变化后，存在协议的某一方希望终止特许经营权的情况。此时需要经营者和企业就股权转让、经济补偿、企业交接等各方面细节问题充分协商，以达成提前解除协约的最终决定。《北京市城市基础设施特许经营条例》第三十一条规定：“一方认为需要变更或解除协议的，应当与另一方进行协商。经双方协商一致的，可以变更或者解除协议。”

7.4.2　允许市场竞争导致的自然淘汰

在较为严格的进入规制下，市场竞争机制无法建立起来，公用事业领域很难如其他行业那样由市场竞争而优胜劣汰。放松进入规制之后，公用事业领域存在着多种竞争途径，尤其是因技术进步所带来的公用事业供给“质”的改变，增加了由市场竞争自然淘汰的可能性。

巴郎和梅尔森(Baron and Myerson, 1982)，拉丰和梯若尔(Laffont and Tirole, 1988, 1993)等人的研究自然垄断行业政府规制的经典文献大多假设所有类型的企业都是有效的。然而，现实中并非如此，部分亏损的公用事业企业是无效的，经营性亏损被福利性规制定价作用下的政策性亏损所掩盖。

当市场竞争能够保证公共产品和服务供给时，政府应当减少对低效率公用事业企业的财政支持。政府保护的缺失，将导致此类企业在市场竞争中不得不面临自然淘汰的威胁。也就是说，对于那些处于市场化竞争中的经营性公用事业企业，政府应该允许其自然淘汰。

拉丰和梯若尔(Laffont and Tirole, 1993)的经典教科书《契约理论还是激励理论》(*Contract Theory or Incentive Theory*)在第 69 页以脚注的

形式讨论了政府关闭无效企业的“截止点”(cut-off)问题。郭锐欣和张鹏飞(Guo and Zhang, 2014)通过数学手段将经典文献拉丰和梯若尔(Laffont and Tirole, 1986)的拉格朗日问题转化为等价的 Mayer 问题,通过最优控制中的横截条件计算出“截止点”,在“截止点”以下的公用事业企业在理论上是可以被关闭的。

中国部分地方政府在 2000 年前后迫于财政压力开始实施公用事业民营化改革。随着经济发展和乡镇规模扩大,部分民营化的公用事业面临扩大供应能力、提升质量等压力。如果地方政府给予民营公用事业企业的财政补贴缺失或者非常有限,使得民营企业没有能力提升质量和产出而处于“截止点”以下时,自然淘汰是经济学上的最优选择。然而,此时政府不能袖手旁观,应该给予私人资本一定补偿以保证其顺利退出市场。本书第 6 章附录中提到的“安徽省舒城县干汉河镇民营水厂”案例中,私人资本因政府补贴缺失而陷入困境,面临市场淘汰风险。干汉河镇政府的不作为,令私人资本进退两难。

对于那些国有资本支持的公用事业企业来说,政府不应该持续不断地向处于“截止点”以下企业提供补贴。

参考文献

英文文献

[1] Aghion P, Bolton P. An Incomplete Contracts Approach to Financial Contracting[J]. *The Review of Economic Studies*, 1992, 59(3).

[2] Baron D P, Besanko D. Regulation and Information in a Continuing Relationship[J]. *Information Economics and Policy*, 1984, 1(3).

[3] Baron D P, Myerson R B. Regulating a Monopolist with Unknown Costs[J]. *Econometrica*, 1982, 50(4).

[4] Bebchuk L A, Fried J M. How To Tie Equity Compensation to Long-Term Results[J]. *Journal of Applied Corporate Finance*, 2010, 22(1).

[5] Berglöf E, Roland G. Bank Restructuring and Soft Budget Constraints in Financial Transition[J]. *Journal of the Japanese and International Economies*, 1995(9).

[6] Bremer J. Transparency of Egypt's Public-Private Joint Ventures [M]//OECD. Towards New Arrangements for State Ownership in the Middle East and North Africa. OECD Publishing, 2012.

[7] Che Jiahua. Soft Budget Constraints, Pecuniary Externality, and China's Financial Dual Track[R]. William Davidson Institute, Working Paper Number 261, 2000.

[8] Chen Kevin C W, Chen Zhihong, Wei K C John. Legal Protection

of Investors, Corporate Governance and the Cost of Equity Capital [J]. *Journal of Corporate Finance*, 2009, 15(3).

[9] Cull R, Xu Lixin Colin. Who Gets Credit? The Behavior of Bureaucrats and State Banks in Allocating Credit to Chinese SOEs [J]. *Journal of Development Economics*, 2003, 71(2).

[10] Demsetz H. Why Regulate Utilities? [J]. *Journal of Law and Economics*, 1968, 11(1).

[11] Dewatripont M, Maskin E S. Credit and Efficiency in Centralized and Decentralized Economies[J]. *The Review of Economic Studies*, 1995, 62(4).

[12] Dewatripont M, Roland G. Soft Budget Constraints, Transition and Financial Systems[J]. *Journal of Institutional and Theoretical Economics*, 2000, 156(1).

[13] Dewatripont M, Tirole J. A Theory of Debt and Equity: Diversity of Securities and Manager-Shareholder Congruence[J]. *Quarterly Journal of Economics*, 1994, 109(4).

[14] Forsyth P. Airlines and Airports: Privatization, Competition and Regulation[J]. *Fiscal Studies*, 1984, 5(1).

[15] Grossman S J, Hart O D. The Costs and Benefits of Ownership: A Theory of Vertical and Lateral Integration[J]. *Journal of Political Economy*, 1986, 94(4).

[16] Guo Ruixin, Zhang Pengfei. A General Method of Computing the Cut-off Point in Adverse Selection Models [J]. *Applied Economics*, 2014, 46(33).

[17] Hart O, Moore J. Property Rights and the Nature of the Firm [J]. *Journal of Political Economy*, 1990, 98(6).

[18] Hartley K, Huby M. Contracting-out in Health and Local Authorities: Prospects, Progress and Pitfalls[J]. *Public Money and Management*, 1985, 5(2).

[19] Haskel J, Szymanski S. A Bargaining Theory of Privatization[J]. *Annals of Public and Cooperative Economics*, 1992, 63(2).

[20] Jensen M C, Meckling W H. Theory of the Firm: Managerial Behavior, Agency Costs and Ownership Structure[J]. *Journal of Financial Economics*, 1976, 3(4).

[21] Kahn A E. *The Economics of Regulation: Principles and Institutions*[M]. Cambridge, MA: MIT Press, 1988.

[22] Kornai J, Maskin E, Roland G. Understanding the Soft Budget Constraint[J]. *Journal of Economic Literature*, 2003, 41(4).

[23] Kornai J. *Economics of Shortage* [M]. Amsterdam: North-Holland, 1980.

[24] Kornai J. Resource-Constrained versus Demand-Constrained Systems [J]. *Econometrica*, 1979, 47(4).

[25] Laffont J-J, Tirole J. Auctioning Incentive Contracts[J]. *Journal of Political Economy*, 1987, 95(5).

[26] Laffont J-J, Tirole J. The Dynamics of Incentive Contracts[J]. *Econometrica*, 1988, 56(5).

[27] Laffont J-J, Tirole J. Using Cost Observation to Regulate Firms [J]. *Journal of Political Economy*, 1986, 94(3).

[28] Laffont J-J, Tirole J. *A Theory of Incentives in Regulation and Procurement*[M]. Cambridge, MA: MIT Press, 1993.

[29] Laffont J-J, Tirole J. Optimal Bypass and Cream Skimming[J]. *The American Economic Review*, 1990, 80(5).

[30] Laffont J-J, Maskin E. A Differential Approach to Dominant Strategy Mechanisms[J]. *Econometrica*, 1980, 48(6).

[31] Laffont J-J, Martimort D. *The Theory of Incentives: The Principal-Agent Model*[M]. Princeton, NJ: Princeton University Press, 2001.

[32] Laffont J-J. Management of Public Utilities in China[J]. *Annals*

of Economics and Finance, 2004, 5(2).

[33] Laffont J-J. The New Economics of Regulation Ten Years After [J]. *Econometrica*, 1994, 62(3).

[34] Li David D. Public Ownership as a Sufficient Condition for the Soft Budget Constraint[R]. University of Michigan Center for Research on Economic and Social Theory (CREST), Working Paper Number 93 - 07, 1992.

[35] Lin Justin Yifu, Tan Guofu. Policy Burdens, Accountability, and the Soft Budget Constraint[J]. *The American Economic Review*, 1999, 89(2).

[36] Martin S, Parker D. *The Impact of Privatization: Ownership and Corporate Performance in the UK*[M]. London: Routledge, 1997.

[37] Maskin E, Xu Chenggang. Soft Budget Constraint Theories: From Centralization to the Market[J]. *Economics of Transition*, 2001(9).

[38] Michael G, Wall R A. Foresight and Public Utility Regulation [J]. *The Journal of Political Economy*, 1988, 96(1).

[39] OECD Group on Regulatory Policy. The Regulation of Public Services in OECD Countries: Issues for Discussion[R]. OECD, 2007. http://www.oecd.org/gov/regulatory-policy/41878847.pdf.

[40] Parum E. Does Disclosure on Corporate Governance Lead to Openness and Transparency in How Companies Are Managed? [J]. *Corporate Governance*, 2005, 13(5).

[41] Peltzman S, Levine M E, Noll R G. The Economic Theory of Regulation after a Decade of Deregulation[J]. *Brooking Papers on Economics Activity*, 1989, 21(2).

[42] Perotti E C. Bank Lending in Transition Economies[J]. *Journal of Banking and Finance*, 1993, 17(5).

[43] Posner R A. Theories of Economic Regulation[J]. *The Bell Journal of Economics and Management Science*, 1974, 5(2).

[44] Pryke R. The Comparative Performance of Public and Private Enterprise[J]. *Fiscal Studies*, 1982, 3(2).

[45] Qian Yingyi, Roland G. Federalism and the Soft Budget Constraint[J]. *The American Economic Review*, 1998, 88(5).

[46] Qian Yingyi, Xu Chenggang. Innovation and Bureaucracy Under Soft and Hard Budget Constraints[J]. *The Review of Economic Studies*, 1998, 65(1).

[47] Qian Yingyi. A Theory of Shortage in Socialist Economies Based on the Soft Budget Constraint[J]. *The American Economic Review*, 1994, 84(1).

[48] Qian Yingyi. The Process of China's Market Transition(1978～1998): The Evolutionary, Historical, and Comparative Perspectives, paper prepared for the Journal of Institutional and Theoretical Economics symposium on "Big-Bang Transformation of Economics Systems as a Challenge to New Institutional Economics", June 9-11,1999, Wallerfangen/Saar, Germany.

[49] Savas E S. *The Organization and Efficiency of Solid Waste Collection*[M]. Lexington Books. Lexington, MA: D. C. Heath and Co., 1977.

[50] Schaffer M E. The Credible-Commitment Problem in the Center-Enterprise Relationship[J]. *Journal of Comparative Economics*, 1989, 13(3).

[51] Shleifer A. A Theory of Yardstick Competition[J]. *Rand Journal of Economics*, 1985,16(3).

[52] Stevens B J. Scale, Market Structure, and the Cost of Refuse Collection[J]. *Review of Economics and Statistics*, 1978, 60(3).

[53] Tirole J. *The Theory of Industrial Organization*[M]. Cambridge,

MA: The MIT Press, 1988.

[54] Willamson O E. Corporate Finance and Corporate Governance[J]. *The Journal of Finance*, 1988, 43(3).

[55] World Bank. *The World Development Report*, 1996: *From Plan to Market*[M]. Oxford and New York: Oxford University Press, 1996.

中文文献

[1] 《财经》杂志编辑部. 管制的黄昏[M]. 北京：社会科学文献出版社，2003.

[2] Parker D,潘伟华. 国营事业私有化的管制：英国经验的回顾与探讨[J]. 公营事业评论(台湾),1998,1(1).

[3] 查尔斯·皮考特. 公营企业的管理：法国经验[M]//左学金,程杭生. 中国国有企业改革治理：国际比较的视角. 北京：社会科学文献出版社,2005.

[4] 丹尼尔·F. 史普博. 管制与市场[M]. 上海：上海三联书店、上海人民出版社,1999.

[5] 高梁. 网络型公用事业的竞争和规制问题[J]. 红旗文稿,2007(9).

[6] 高明华,王延明. 自然垄断企业改革：政府规制和公司治理的融合[J]. 中国社会科学院研究生院学报,2007(4).

[7] 高明华. 公司治理：理论演进与实证分析——兼论中国公司治理改革[M]. 北京：经济科学出版社,2001.

[8] 高明华. 国有企业改革目标：公共性还是盈利性[J]. 国企，2008(1).

[9] 高明华. 国有企业是做什么的[J]. 经济学茶座,2007(4).

[10] 郜若素,宋立刚,姚洋. 中国的国有企业重组[M]//左学金. 中国国有企业改革治理：国际比较的视角. 北京：社会科学文献出版社，2005.

[11] 龚军姣.政治关联与城市公用事业民营企业成长——基于首家公交民营企业案例研究[J].经济理论与经济管理,2013(3).
[12] 郭锐欣,毛亮.特大城市出租车行业管制效应分析:以北京市为例[J].世界经济,2007(2).
[13] 郭锐欣,张鹏飞.进入管制与黑车现象:基于经济学的分析[J].世界经济,2009(3).
[14] 李扬,张万红.公用事业民营化——转变政府职能的新途径[J].发展,2006(8).
[15] 林毅夫,蔡昉,李周.充分信息与国有企业改革[M].上海:上海三联书店、上海人民出版社,1997.
[16] 刘戒骄,赫丛喜.城市公用事业的放松管制与管制改革[J].经济研究参考,2002(35).
[17] 刘戒骄,杨晓龙.网络竞争与网络产业改革[J].中国工业经济,2004(7).
[18] 刘戒骄.公用事业:竞争、民营与监管[M].北京:经济管理出版社,2007.
[19] 刘小玄,赵农.论公共部门合理边界的决定——兼论混合公共部门的价格形成机制[J].经济研究,2007(3).
[20] 马林峰.国外电力市场浅析[J].现代电力,2004(3).
[21] 让·雅克·拉丰,让·泰勒尔.电信竞争[M].胡汉辉,等,译.北京:人民邮电出版社,2001.
[22] 史际春,肖竹.反公用事业垄断若干问题研究——以电信业和电力业的改革为例[J].法商研究,2005(3).
[23] 史忠良,吴家骏.国有企业战略性改组研究[M].北京:经济管理出版社,1998.
[24] 孙洁.PPP管理模式对城市公共财政的影响[J].财政研究,2004(10).
[25] 唐欣.公用事业市场化背景下的政府激励性规制研究[D].暨南大学,2007.

[26] 田中景.发达国家公用事业市场化的两难困境——以邮政事业为例[J].国家行政学院学报,2011(1).

[27] 王芬,王俊豪.中国城市水务产业民营化的绩效评价实证研究[J].财经论丛,2011(5).

[28] 王宏伟,郑世林,吴文庆.私人部门进入对中国城市供水行业的影响[J].世界经济,2011(6).

[29] 王俊豪,等.中国城市公用事业民营化绩效评价与管制政策研究[M].北京:中国社会科学出版社,2013.

[30] 王俊豪,蒋晓青.我国城市公用事业民营化的负面效应及其对策[J].财经问题研究,2011(9).

[31] 王俊豪.中国自然垄断产业民营化改革与政府管制政策[M].北京:经济管理出版社,2004.

[32] 吴文洁.我国公用事业民营化与政府规制改革[J].中国管理信息化(综合版),2006(1).

[33] 肖耿.产权与中国的经济改革[M].北京:中国社会科学出版社,1997.

[34] 肖兴志.公用事业民营化改革:理论基础与政策[J].经济社会体制比较,2004(4).

[35] 杨志钢.公用事业普遍服务简析[J].中国青年政治学院学报,2008(4).

[36] 英国、德国、捷克的国有资产出售运作方式及其对中国国有企业改革的启示[R].国务院发展研究中心调查研究报告第62号(总1697号),2002.

[37] 余晖,秦虹.中国城市公用事业绿皮书No.1——公私合作制的中国试验[M].上海:上海人民出版社,2005.

[38] 约翰·伊特韦尔,默里·米尔盖特,彼得·纽曼.新帕尔格雷夫经济学大辞典[M].北京:经济科学出版社,1998.

[39] 张曙光.公用事业民营化的融资与商机[J].财经界,2003.

[40] 张维迎.公用事业民营化的五个关键问题[J].新财富,2003(2).

[41] 章迪诚.中国国有企业改革编年史(1978～2005)[M].北京：中国工人出版社,2006.

[42] 植草益.微观规制经济学[M].北京：中国发展出版社,1992.

[43] 中国企业联合会,中国企业家协会.中国企业发展报告[M].北京：企业管理出版社,2002.

[44] 周放生.国企债务重组[M].北京：北京大学出版社,2003.

[45] 周林军.美国公用事业管制法律制度改革及对我国的启迪[D].西南政法大学经济法专业,2003.

[46] 周其仁.把民营经济引进电信产业[J].经济研究参考,2001(48).

[47] 周其仁.建立更有竞争力的电信体制[J].资本市场,2001(5).

[48] 周其仁.论数网竞争与电信业定价策略[J].通信世界,2001(3).

[49] 周耀东.中国公用事业管制改革研究[M].上海：上海人民出版社,2005.

相关网站

[1] 2008年全国消协组织受理投诉情况统计分析[EB/OL].中国消费者协会网站,2009-01-19. http://www.cca.org.cn/tsdh/detail/10087.html.

[2] 电子信息产业规划：三网融合投入6000亿[EB/OL].新浪网,2009-04-26. http://tech.sina.com.cn/t/2009-04-26/10393039264.shtml.

[3] 高梁.英国铁路私有化改革失败的启示[EB/OL].新浪网,2006-06-02. http://finance.sina.com.cn/economist/jingjixueren/20060602/08312618767.shtml.

[4] 国家计委、国家经贸委和外经贸部公布新的《外商投资产业指导目录》[EB/OL].人民网,2002-03-12. http://www.people.com.cn/GB/shizheng/3586/20020312/685675.htm.

[5] 国家计委关于印发促进和引导民间投资的若干意见的通知[EB/OL].中央人民政府网. http://www.gov.cn/gongbao/content/

2002/content_61718. htm.
[6] 国务院关于鼓励支持和引导个体私营等非公有制经济发展的若干意见[EB/OL]. 中央人民政府网,2005-02-19. http://www.gov.cn/gongbao/content/2005/content_63162. htm.
[7] 垄断企业的高福利已成众矢之的[N/OL]. 中国青年报,2006-05-01. http://zqb.cyol.com/content/2006-05/01/content_1374861. htm.
[8] 中共中央关于完善社会主义市场经济体制若干问题的决定[EB/OL]. 中央人民政府网. http://www.gov.cn/gongbao/content/2003/content_62494. htm.

后　　记

2003～2009年，在高明华教授的指导下，我在北京师范大学完成了硕士和博士阶段的学习。高老师是国内较早研究中国国有企业改革的主要学者之一，同时也是国内最早关注公司治理的主要学者之一，承担了大量与国企改革相关的研究课题。在完成专业学习之余，我有幸参与了高老师承担的多个与国企改革相关的科研课题，对中国国企改革进程及成败得失有了初步的认识。

国有企业改革一直是中国改革进程中的一个重要话题。中国公用事业领域内的国企改革尤其存在着很多争议。在此背景下，国内涌现了大量关注和研究公用事业改革问题的文献。自2001年国家政策松动之后，非国有资本得以名正言顺地进入公用事业领域，公用事业"民营化"改革案例大量涌现。公用事业市场化改革已经进行了十多年。然而，从很多案例来看，这场以"民营化"为主线的改革存在着很多问题，由此引发了更大的争议。

这本书是在我的博士论文基础上修改、润色而成。书稿基于规范的经济学研究范式，剖析了中国公用事业改革之所以会出现各种问题的深层次原因，为修正公用事业市场化改革路线提供了智力支持。为了方便读者阅读与理解，书稿增加了案例研究专栏。书中所选取的经典案例，是理论研究所关注的经济学问题的现实表现。读者可以凭借案例聚焦现实问题，然后再结合理论分析来进一步理解现实。

感谢我的导师高明华教授，正是在高老师的不断督促下，本书才得以不断修改直至最终出版。感谢中国社科院经济研究所赵农研究员对我的帮助与指导。最后，要特别感谢我的家人，谢谢他们的爱护和支持。回想最初接触经济学时的懵懵懂懂，我如今虽然已经成为高校教师，仍然时常感觉知识不够用。感慨时光白驹过隙之余，也哀叹工作之后反而没有了学生时代那样大块的学习时间，常有惴惴不安的情绪。本书可能存在的不足与错误，还请读者加以指出，一并感谢！

郭锐欣

2015年5月4日

图书在版编目(CIP)数据

公用事业改革与公共服务供给/郭锐欣著.—上海：东方出版中心，2016.1

(公司治理与国企改革研究丛书)

ISBN 978-7-5473-0894-3

Ⅰ.①公… Ⅱ.①郭… Ⅲ.①公用事业-研究-中国②社会服务-研究-中国 Ⅳ.①F299.24②D669.3

中国版本图书馆CIP数据核字(2015)第291584号

责任编辑 鲁培康
　　　　 曹雪敏
封面设计 郁 悦

公用事业改革与公共服务供给

出版发行：东方出版中心
地　　址：上海市仙霞路345号
电　　话：62417400
邮政编码：200336
经　　销：全国新华书店
印　　刷：常熟新骅印刷有限公司
开　　本：710×1020毫米 1/16
字　　数：124千字
印　　张：10 插页2
版　　次：2016年1月第1版第1次印刷
ISBN 978-7-5473-0894-3
定　　价：39.80元

东方出版中心邮购部 电话：(021)52069798